EDITORA DO CONHECIMENTO

Auxiliando a humanidade a encontrar a Verdade

Série
Memórias do Espiritismo

Fotos e ilustrações da página anterior (de cima para baixo, a partir da esquerda):
Gabriel Delanne, Bezerra de Menezes, Allan Kardec, Leon Denis;
William Crookes, Alfred Russel Wallace, Alexander Aksakof, Oliver Lodge;
Yvonne do Amaral Pereira, Alfred Binet, Ernesto Bozzano, Arthur Conan Doyle;
Hercílio Maes, Caibar Schutel, Gustavo Geley, Eurípedes Barsanulfo;
Victor Hugo, Charles Robert Richet, Cesare Lombroso, Pierre Gaetan Leymarie;
Andrew Jackson Davies, Camille Flammarion, Francisco Cândido Xavier, Emanuel Swedenborg.

Reconhecemos a ausência de inúmeros expoentes do espiritismo nesta galeria de imagens. Em razão do limitado espaço, escolhemos apenas algumas personalidades ilustres para representar todos aqueles que gostaríamos de homenagear.

Conceito Espírita do Socialismo

Conceito Espírita do Socialismo

COSME MARIÑO

Concepto Espiritista del Socialismo

Todos os direitos reservados à
CONHECIMENTO EDITORIAL LTDA.
Rua Prof. Paulo Chaves, 276 – Vila Teixeira Marques
CEP 13480-970 — Limeira — SP
Fone/Fax: 19 3451-5440
www.edconhecimento.com.br
vendas@edconhecimento.com.br

Tradução: Luiz Gustavo Oliveira dos Santos
Projeto gráfico: Sérgio Carvalho
Ilustração da capa: Banco de imagens

ISBN 978-65-5727-128-5
1ª Edição – 2022

• Impresso no Brasil • *Presita en Brazilo*

Impresso na
Primeira Leitura
a gráfica digital da **EDITORA DO CONHECIMENTO**

Dados Internacionais de Catalogação na Publicação (CIP)
Angélica Ilacqua CRB-8/7057

Mariño, Cosme
Conceito Espírita do Socialismo / Cosme Mariño — tradução de Luiz Gustavo Oliveira dos Santos – Limeira, SP : Editora do Conhecimento, 2022.
80 p. (Série Espiritismo "Progressista" ; Memória do Espiritismo)

ISBN 978-65-5727-128-5
Título original: *Concepto Espiritista del Socialismo*

1. Doutrina espírita 2. Espiritismo progressista 3. Socialismo 4. Sociedade I. Título II. Santos, Luiz Gustavo Oliveira dos III. Série

22-0921 CDD – 133.93

Índices para catálogo sistemático:
1. Espiritismo

Cosme Mariño

Conceito Espírita do Socialismo

"O caráter de inviolabilidade que o direito de propriedade teve deve sua origem ao paganismo. O cristianismo tende a aboli-lo."

Tradução
Luiz Gustavo Oliveira dos Santos

2022

EDITORA DO CONHECIMENTO

Coleção *Memórias do Espiritismo*

A Alma dos Animais
Ernesto Bozano

A Alma é Imortal
Gabriel Delanne

A Crise da Morte
Ernesto Bozzano

A Razão do Espiritismo
Michel Bonnamy

A Realidade dos Espíritos
Barão Luís de Guldenstubbé

Evolução Anímica
Gabriel Delanne

No Mundo dos Espíritos
Leal de Souza

O Espiritismo na Bíblia
Henri Stecki

O Espiritismo perante a Ciência
Gabriel Delanne

O Espiritismo perante a Razão
Valentin Tournier

O Espiritismo, a Magia e as Sete Linhas
Leal de Souza

O Evangelho Segundo o Espiritismo
Allan Kardec

O Gênio Celta e o Mundo Invisível
Léon Denis

O Mundo Invisível e a Guerra
León Denis

O Problema do Ser e do Destino
León Denis

Os Dogmas da Igreja do Cristo
Apollon Boltin

Pensamento e Vontade
Ernesto Bozzano

Pesquisas Sobre a Mediunidade
Gabriel Delanne

Povos Primitivos e Manifestações Paranormais
Ernesto Bozzano

Que é o Espiritismo?
Allan Kardec

Rumo as Estrelas
H. Dennis Bradley

Síntese espiritualista doutrinal e prática
Léon Denis

Socialismo e Espiritismo
León Denis

Tratado de Metapsíquica (Vol. 1)
Charles Richet

Tratado de Metapsíquica (Vol. 2)
Charles Richet

Urânia
Camille Flammarion

Apontamentos bibliográficos de Dom Cosme Mariño

Autobiografia de um Medíocre intitula modestamente o senhor Mariño um extenso trabalho inédito sobre sua própria vida: trabalho que talvez escrevesse para seus íntimos, sem destiná-lo à publicidade, mas que, possivelmente, será necessário que um dia saia à luz, porque contém um caudal imenso de coisas interessantes, que não somente permitirão conhecer mais a fundo sua fisionomia moral, mas que contribuirão para ilustrar os capítulos mais realçados da história do Espiritismo em nosso país.

Não seria possível definir de forma mais concreta e real as características proeminentes de sua elevada personalidade, do que transcrevendo estas singelas palavras com que ele mesmo começa o Prólogo que precede essas suas *Memórias*:

> O móvel de quanto fiz e pude exteriorizar foi sempre altruísta. Quanto acreditei que uma ideia era boa, tratei sempre de prestigiá-la e propagá-la dentro de minhas limitadas aptidões. Jamais me detive ante uma consideração egoísta ou de mero interesse pessoal, quando, com a sinceridade que me caracteriza, cheguei a descobrir uma ideia ou doutrina que pudesse servir para o progresso moral da humanidade. Como é público e notório, sacrifiquei toda consideração pessoal e utilitária, e até o bom conceito que pudesse ins-

pirar aos demais, quando vislumbrei um caminho mais reto e seguro de chegar à verdade: porque considero que a verdade, sinceramente sentida e praticada, é a única coisa que faz amar a vida, por sua dedicação ao próprio progresso individual, e ao coletivo.

Eis aqui, traçada em breves linhas, toda a vida de Cosme Mariño: *uma vida de altruísmo, de idealismo, de investigação da verdade.*

Para aqueles de nossos leitores e correligionários que se interessem em conhecer as datas mais importantes da vida de Mariño e de sua destacada atuação nas fileiras do Espiritismo, anotamos brevemente os seguintes dados biográficos:

Dom Cosme Mariño, filho de dom Gervasio e dona Mercedes Silva y Urrutia, nasceu em Buenos Aires, no ano de 1847; seus antepassados mais imediatos foram comerciantes, modestos, mas de irrepreensível conduta e moralidade. Educado, especialmente pela mãe, com sentimentos religiosos, ele mesmo confessa sinceramente ter nascido para o sacerdócio, que teve, no entanto, de exercer de uma forma laica, ou liberal e independente. Respondendo a essa sua inclinação natural, depois de ter cursado os primeiros estudos nas escolas do Estado, passou um ano e meio na Igreja de San Nicolás, sob os cuidados de seu padrinho, o Rev. P. Juan Figueroa. Posteriormente, ingressou no Colégio de San Francisco, cursando estudos superiores e aprendendo latim. Mas, como sua vocação pela carreira eclesiástica fora minguando, ingressou na Universidade, para cursar Direito, tendo como companheiros de estudos o grande Pellegrini e o doutor Pirovano.

Vinculado com sincera amizade ao doutor José C. Paz, e acariciada por este último a ideia de fundar um diário tendente a impulsionar o progresso do país, Mariño contribuiu em primeiro plano com o aparecimento do hoje grande diário *La Prensa*, figurando gloriosamente como seu primeiro diretor, no ano de 1869.

Exigido por seu pai e irmão, teve, logo, que abandonar suas tarefas jornalísticas nessa incipiente publicação.

Estourada a epidemia da febre amarela em Buenos Aires, em 1871, Mariño tomou parte ativíssima na heroica Comissão

Popular e, expondo sua vida, combateu eficazmente o terrível flagelo: recebeu, como recompensa, a medalha de ouro da Municipalidade de Buenos Aires. Outra medalha lhe coube também da Junta de Lazaretos de Santiago de Chile, como lembrança da participação que teve no envio de recursos para as famílias desamparadas por causa do flagelo.

Radicado posteriormente, em 1874, na cidade de Dolores, e há pouco de ter contraído matrimônio com a senhorita Mercedes Milani de Chascomús, foi presidente do Hospital San Roque dessa cidade, desdobrando uma ação sumamente profícua para aquela instituição.

Foi na cidade de Dolores que conheceu pela primeira vez o Espiritismo, ao qual havia de dedicar logo, com tanto entusiasmo, todo o resto de sua larga vida. As primeiras experiências se verificaram na casa do doutor Pedro Bourel, sendo seus acompanhantes o doutor Fernández, o doutor Justo P. Ortiz, Enrique Becker, Felipe Aristegui, Alejandro Villaabrille, e o engenheiro Rafael Hernández, que foi seu verdadeiro iniciador.

Estabelecendo-se, em 1879, em Buenos Aires, ingressou, em meados desse mesmo ano, a Sociedade "Constancia", então de recente fundação.

Sua atuação no seio de "Constancia" é de público conhecimento: depois do primeiro ano de seu ingresso na mesma, foram-lhe confiados postos importantes e dirigentes, e foi assim que, no ano de 1881, tomou a seu cargo a direção da Revista do mesmo nome, sendo eleito, também nesse ano, presidente da Sociedade; ambos os cargos desempenhou, sem interrupção, durante 46 anos.

A partir das colunas da *Constancia* ou bem alugando páginas em outros diários (*La Prensa*, *La Nación*, *El Nacional* etc.), o senhor Mariño saiu em defesa da doutrina espírita, toda vez que ela fora atacada ou desnaturada. Sustentou polêmicas memoráveis com os diários católicos, como *La Unión* e *La voz de la Iglesia*; controvérsias espetaculares com médicos, psiquiatras e dignatários da Igreja; iniciou a propaganda metódica do Espiritismo mediante as conferências públicas e, durante muitíssimos anos, foi o mais autorizado e infatigável conferencista.

Suas iniciativas em benefício da Sociedade "Constancia" e do Espiritismo em geral foram múltiplas, sendo a mais importante, merecendo citar-se em primeira linha, a de assegurar ao centro um local próprio, a obtenção da pessoa jurídica e a fundação do Asilo Primer Centenario para crianças desvalidas, que teve a sorte de ver inaugurado em apenas dois anos.

Seu labor intelectual foi muito intenso. À parte a Revista *Constancia*, em que, durante tantos anos, veio publicando toda classe de artigos interessantes sobre filosofia e moral espírita, e, ademais, as inumeráveis conferências dadas dentro e fora do local social, o senhor Mariño deu à luz pública os seguintes livros:

O Espiritismo, *O Espiritismo ante a ciência*, *Bases para a formação de um partido democrático liberal*, *O Espiritismo ao alcance de todos*, *Provas concludentes da existência da alma*, *Regras para a formação de centros espíritas*, (em colaboração com o doutor Ovídio Rebaudi): *O ideal e o real*, drama inspirado na célebre novela de T. Gauthier, *Espírita*, e representado pela Companhia Galé no teatro Victoria desta capital, no ano de 1893; *Cartas de Júlia* (versão do livro de W. Stead, e comentadas pelo tradutor); *Catecismo de moral e religião*, traduzido do francês, original de Bonnefont; *A primeiras andorinhas* (novela), obra póstuma. Podem-se considerar como uma produção importante de Mariño os apontamentos que veio publicando na Revista *Constancia* sobre os princípios e o desenvolvimento do Espiritismo na República Argentina, que seguramente estão destinados a servir como fonte de fidedigna informação para quando se tenha que escrever uma detalhada história de nosso credo neste país.

Dom Cosme Mariño falece aos 80 anos de idade.[1]

A. D.

---

[1] *Fonte: O Espiritismo na Argentina*, Cosme Mariño, Editorial Constancia, Buenos Aires – Argentina, setembro do ano de 1963.

Nota dos editores

[Da edição da Sociedade Victor Hugo, publicada em 1960.]

O Espiritismo, assim o demonstram os fatos, está chamado a canalizar a consciência humana para um novo significado acerca das duas grandes realidades que movem o desenvolvimento geral dos povos: a realidade espiritual e a realidade social. Para confirmar essa asserção, damos à publicidade este magnífico trabalho doutrinário de Cosme Mariño, uma das maiores figuras do espiritualismo espírita da América Latina, cuja pena soube expor com invejável claridade a maneira de encarar os fenômenos sociais e o significado que possuem a sociedade e a história à luz do Espiritismo.

Com o presente estudo, desejamos pôr a manifesto a parte mais desconhecida de Cosme Mariño, aspirando que seu pensamento espírita e social sirva de norma e orientação aos estudiosos da doutrina espírita em um momento da história em que o Espiritismo deverá entrar na lide humana, para canalizar os problemas sociais e espirituais por um caminho novo e revolucionário. Cosme Mariño era, pois, um adiantado das ideias progressistas; por isso, seu pensamento e sua pena, críticos e filosóficos sempre, resultarão de grande atualidade e ressoarão muito profundamente na consciência contemporânea e do futuro. Não em vão, o kardecismo teve nele um de seus mais preclaros representantes quando ainda era uma explosão pronunciar a palavra Espiritismo.

Sua obra, prematura para seu tempo, faz-se presente na hora atual assinalando a grande visão ideológica e espiritual da filosofia espírita. À medida que o processo histórico se acentua, Cosme Mariño irá cobrando atualidade e seu labor doutrinário será recolhido pelas novas gerações que, sem dúvida alguma, participarão na grande transformação espiritual e social do mundo. Numa palavra: o pensamento de Mariño se apresenta cheio de promissoras esperanças para o espírito humano. A presente publicação é dedicada aos fundadores da Sociedade Espírita Victor Hugo, Antonio Rodríguez Díaz e Aurora Gálvez, como uma afetuosa homenagem espiritual ao se inaugurar em Buenos Aires sua nova sede social.

Conceito espírita do socialismo

Refutação ao sermão, pregado na catedral pelo monsenhor Miguel D'Andrea, sobre o socialismo e a família

Conferência dada na sociedade "Constancia" por Cosme Mariño, na quarta-feira, 16 de julho de 1913.

Senhoras e senhores,

Agora que o socialismo começa a prosperar entre nós, convém que nos ocupemos de tão importante questão, porque esse ramo da Sociologia é também da alçada do Espiritismo.

Vão já para trinta anos que o socialismo começou a se divulgar entre nós, mas não em sua face política que agora enfrenta com entusiasmo e êxito, e sim em sua face teórica ou filosófica. Os que iniciaram esse movimento eram, em sua maioria, estrangeiros e, como estes não queriam se fazer cidadãos argentinos, não podiam influir de uma maneira prática e positiva nas funções do governo. Portanto, suas teorias não pesavam nem pouco nem muito na marcha política do país.

Pouco a pouco, foram ingressando na associação elementos nativos, no geral saídos das faculdades de Medicina e de Direito; estes iniciaram uma propaganda enérgica entre os afiliados, a fim de convencer os teóricos de que, na forma em que se orientava o socialismo, não podia dar os resultados apetecidos. Eles queriam influir na política militante, apresentar-se nos comícios como um partido com programa e fins definidos, a fim de que, com o passar do tempo, conseguissem estar representados no congresso, pois a prédica filosófica que se fazia não se podia provar senão na ação eficaz dos comícios e parlamentos.

Homens como os doutores Julio Árraga, José Ingenieros, Nicolás Repetto, Adrián Patroni e muitos outros argentinos patrocinavam uma intervenção eficaz na coisa pública. Os estrangeiros foram se convencendo de que, efetivamente, seus princípios eram tidos em bem pouca estima e que estavam vegetando na sombra. Tanto porque eles, em sua qualidade de estrangeiros, careciam de toda autoridade para fazer propaganda positiva de seus princípios – bem pouco conhecidos então e, por isso mesmo, geralmente mal compreendidos e mistificados pela ignorância do povo e pelas falsas e malévolas inventivas dos que se veriam prejudicados em suas tendências sectárias ou em egoísmos inconfessáveis –; quanto porque, mostrando-se nessa atitude passiva, careciam dos meios naturais para a modificação das leis injustas e para a sanção de outras mais em harmonia com o desenvolvimento social econômico e conducentes a pôr barreiras eficazes à desenfreada avalanche do capital – que tendia a fazer dos homens meras bestas de carga –, precisamente no momento histórico em que a classe trabalhadora mais necessitava sair desse estado de abjeção e servidão para se apresentar como cidadãos livres, conscientes de seus direitos e com os meios necessários para o cumprimento de todos os seus deveres sociais.

Os estrangeiros socialistas, pois, começaram a ceder em sua intransigência. E, mesmo que existam ainda muitos a quem repugna se fazerem cidadãos argentinos, esses são geralmente anarquistas, que, como se sabe, negam Deus, a pátria e a religião, proclamam a fraternidade universal, mas sempre entendendo a fraternidade entre os que comungam com suas ideias, pois aos outros, ainda que sejam a imensa maioria humana, odeiam com aquele ódio do fanatismo e sectarismo que tanto sangue custou e que seguirá se derramando até que desapareçam esses elementos anárquicos, pelo triunfo definitivo do amor e da verdadeira democracia.

Nossas simpatias foram sempre pelo socialismo, porque, como dissemos, dentro dos princípios do Espiritismo cabe o socialismo, suposto que a doutrina revolucionária de Jesus é essencialmente socialista. "Amai-vos uns aos outros, disse Jesus, porque todos sois irmãos, filhos de um mesmo Pai[2]." Por outra parte, afiançava os princípios em que se afiança a democracia moderna, proclamando a liberdade e fraternidade dos homens. O socialismo não proclama a igualdade absoluta[3], senão mais justiça na distribuição dos bens da Terra, porque estes não são propriedade de nenhuma raça, povo ou homem, mas da natureza que os dá a todos sem exceção, com a mesma prodigalidade de uma mãe carinhosa. O socialismo pede mais justiça na distribuição do capital, porque o capital é o produto direto do trabalho de todos; e são os que mais contribuem para sua formação que, em todo tempo, foram vítimas do egoísmo dos mais fortes, dos que têm se erigido em super-homens, apoiados na fraqueza e na ignorância do rebanho humano.

O socialismo, pois, sob sua face econômica e com as regras morais que estabelece para dignificar e elevar a classe trabalhadora, não pode deixar de se orientar nos mesmos princípios do Espiritismo. Mas o Espiritismo vai muito mais longe, porque não se limita à face econômica, senão também à face espiritual, proclamando as doutrinas filosóficas que explicam e fundam o direito legítimo de todos os homens à vida e, por isso mesmo, a não carecer dos meios indispensáveis para vivê-la dignamente, em harmonia com as capacidades de cada ser. "A cada um, segundo suas necessidades e

[2] João 13:34-35, 15:12,17; Mateus 23:8-9. (Nota do tradutor, a partir de agora: N. T.)
[3] Em sua face inicial.

aptidões", disse um socialista[4], e assim deve ser: o homem que tem mais aptidões e maiores necessidades não pode se igualar com o que tem menos ou nenhuma; no entanto, isso não deve ser óbice para deixar de garantir a vida de todos os homens nos países que se blasonam de cristãos. Ao ocioso que se nega a contribuir em mancomunidade com os demais homens, pretendendo se constituir no zangão da colmeia humana[5], este, seja pobre ou rico, há que ser considerado como enfermo espiritual, suscetível de melhoria; e, para essa classe de homens, devem-se fundar reclusões ou sanatórios onde cumpram uma tarefa gradual, a fim de curá-los de sua desídia e aprendam a não ser gravosos à sociedade quando têm, como todos, faculdades, que só lhes falta desenvolvimento e o conceito de uma ideia mais exata do que é a dignidade humana apoiada no sentimento do dever.

Todas essas ideias o Espiritismo sustenta, mas, se os espíritas, em geral, não são militantes nem se afiliam ao socialismo, é porque este limita seu programa à face econômica e se desentende do estudo da personalidade humana; não se advoga[6] o estudo dos problemas transcendentais do "porquê

[4] Essa ideia se depreende de Platão, *A República*, livro IV, 420b-421c. Na Bíblia, está presente em Atos 2:24-46 e 4:32-35. Mais tarde, foi retomada, em espírito, entre outros, pelo rousseauniano francês Morelly, precursor do socialismo utópico, em seu *Código da natureza*. Depois, ela ressurge literalmente escrita por Karl Marx, como lema da sociedade comunista, na *Crítica do Programa de Gotha*, I, nº 3. (N. T.)

[5] A sociedade humana é comparada a uma *colmeia*, por Platão, em *A República*, livros VII (520b) e VIII (552c); o filósofo chamava indivíduos exploradores e aproveitadores, flagelos sociais, de *zangões*, no livro VIII (552c-e, 554b, d, 556a etc.) Semelhantemente, o Espiritismo compara a sociedade previdente, que deve garantir a vida de todos e que realizaria a grande *família humana*, a uma colmeia, onde *não se passa necessidade* mesmo quando não se pode trabalhar, graças à *abundância coletiva* advinda do trabalho geral, *nem se acumula individualmente* como egoísta: "O direito de viver dá ao homem o de amontoar do que viver para repousar *quando não puder mais trabalhar*? 'Sim, *mas ele deve fazê-lo em família, como a abelha*, por um trabalho honesto, e *não amontoar como um egoísta*. Certos animais mesmos lhe dão o *exemplo da previdência*'." (Allan Kardec, *Livro dos Espíritos*, nº 881.) (N. T.)

[6] Na versão que usamos, consta "*no se abroga*" ("não se ab-roga"), mas a crítica aqui é que as questões indicadas *acabam sendo, sim, ab-rogadas*; parece haver, pois, um erro. Corrigimos para o que mais se aproxima e se harmoniza com as ideias: "*no se aboga*" ("não se advoga, não se defende"). (N. T.)

deste mundo" e do "porquê da vida"; não se detém a estudar a razão das desigualdades sociais, e, se entra nesse terreno, é para apreciá-lo todo do ponto de vista deste limitado mundo; e, com essa lógica e ponto de mira, resulta que o mundo é um tecido de contradições e o maior absurdo. E, com essas falsas apreciações, desconhecem o passado do homem e a verdadeira causa das misérias e injustiças; ignoram que estas, em sua maioria, vêm de um passado e é esse passado que há que estudar, porque nele se encontra a explicação clara das causas que originam os caprichos aparentes da sorte, a crueldade de muitos destinos humanos e todas essas aparentes contradições e injustiças, que, bem estudadas, resultam numa lógica e sabedoria admiráveis.

Limitado o socialismo a trabalhar pela derrocada de instituições vetustas, fundadas na arbitrariedade e na força, sempre do ponto de vista econômico, descuida, quando não nega em absoluto, que existe uma base mais grandiosa e natural que o princípio de justiça[7].

Concordes com ele em último resultado; mas, esse princípio de justiça, em que o apoiam? Tem uma base sólida, inamovível? Segunda nossa modesta opinião, não a tem, nem para os socialistas, nem para a burguesia egoísta que defende seus privilégios arraigados de séculos, escudada na ignorância e na perversão dos povos.

Os grandes pensadores materialistas opinam que este mundo, tal como está feito, é o resultado de uma cruel injustiça e do maior dos absurdos. Esse conceito do mundo nada importaria, se o homem esperasse uma existência mais real desta vida, se tivesse fé numa justiça absoluta que, em definitivo, corrigisse ou pusesse na linha a mesquinha e imperfeita justiça dos homens.

[7] Isto é, do princípio de justiça relativista das leis humanas, como será explicado. (N. T.)

Porém, se o socialista se aferra em sustentar que tudo se conclui com a vida material, com que direito obrigar os burgueses – que, por meio da força, apoderaram-se dos capitais e são os gozadores do mundo –, com que direito, digo, exigir-lhes que sejam mais humanos, se o princípio que reconhecem está baseado em que o mundo é dos, e para os, mais audazes e fortes?

Se somos o produto do absurdo e de uma injustiça; se aquele que não tem garras de leão deve sucumbir porque sua mísera existência é mais um obstáculo que uma força que concorre para os fins da vida, por que se há de pedir ao leão uma partilha dos bens dos quais se apossou? Por que pedir um sentimento de equidade e de justiça, se a justiça é a palavra mais hipócrita de que os homens fazem uso para o domínio do mundo?

Nietzsche, o grande pensador, já o disse: o mundo é dos mais esforçados, dos de maior energia para dominá-lo e colocá-lo sob suas solas. Chegar ao super-homem, eis aí o grande ideal da humanidade! Mas o super-homem, nesse caso, não é o mais virtuoso, o mais inteligente, e sim o que emprega melhor suas forças para avassalar os fracos, o que se levanta sobre os despojos humanos, o que se vale melhor de sua inteligência e astúcia para dominar as multidões dóceis enquanto ignorantes e abjetas; esse é o que merece o triunfo, esse é o único que tem direito à vida, esse é o super-homem. Assim o proclama Nietzsche; e, se Nietzsche não o dissesse, aí está a humanidade contemporânea pondo em prática esses princípios.

Logo, pois, em que princípio estável de justiça pode se fundar o socialismo para filosofar e pregar a redenção do escravo, para romper as cadeias que fazem ainda do homem uma besta de carga? Como pode ser um fundamento sólido, que faça meditar e pensar, que entusiasme os homens, esta base do socialismo: justiça, se todos somos filhos da injustiça; se essa palavra foi inventada pelos mais fortes para deter as legítimas aspirações dos mais fracos? Teremos que convir que as palavras foram dadas ao homem para disfarçar seus pensamentos?

Não, o socialismo que tem grandes e elevados ideais, que quer mais humanidade, mais fraternidade para com os deserdados da fortuna, deve seguir Jesus e proclamar com ele que todos os homens são irmãos e, portanto, devem se tratar como irmãos e matar o super-homem, que representa, na vida, o leão da fábula: a audácia e a força sobre a justiça e o direito.

O socialismo, repito, não pode se sustentar sobre uma base sólida quando este fundamento, a justiça, está em aberta contradição: é absolutamente oposta à moral criada pelo materialismo; moral que carece de uma sanção digna das grandes aspirações humanas, que se limita aos convencionalismos, que é uma verdade e um dever para os fracos e os infelizes e uma audaz mentira para os fortes e os gozadores do mundo.

O socialismo que em definitivo triunfará há de ser o que melhor prove a razão de sua existência, o que explique clara e logicamente seu fundamento, e do qual este seja inamovível para resistir aos embates das forças parasitárias e conservadoras. O socialismo, para que possa desenvolver praticamente seu formoso e humanitário programa, tem que preparar suas hostes com outras ideias e sentimentos, com outra moral mais fundamental e lógica. Tem, enfim, que resolver primeiro estes eternos problemas: de onde viemos, o que somos e para onde vamos.

Enquanto o socialismo se basear num direito que a prática da vida torna ilusório, numa justiça humana que não é o reflexo nem a consequência de uma justiça absoluta, sanção final das ações humanas, não poderá chegar à meta de suas aspirações, quer dizer, não conseguirá edificar a nova Sião[8], onde reine a verdade e o bem.

O Espiritismo é a única doutrina científica e filosófica que pode fazer a felicidade real dos homens, porque ele descobre o porquê das desigualdades sociais, posto que funda seu altruísmo no amor à humanidade e explica com Jesus esse amor, assinalando os vínculos espirituais que unem todos os homens, porque são filhos de um mesmo Pai.

Mas o socialismo, ao se apartar do cristianismo – que é onde está o fundamento de sua doutrina – e reconhecer na justiça humana o ponto de partida de seus ideais, levantou seu edifício sobre alicerces de areia[9] e, por isso, no dia em que triunfar definitivamente, levando à prática seus princípios, desmoronar-se-á estrepitosamente, causando a anarquia social[10]. Ao fazer essa afirmação, temos razões de toda ordem: a histó-

---

[8] Isto é, a nova Jerusalém, resultado da renovação do mundo, ou regeneração da humanidade, segundo se lê em Isaías: "Com efeito, criarei novos céus e nova terra; as coisas de outrora não serão lembradas, nem tornarão a vir ao coração. Alegrai-vos, pois, e regozijai-vos para sempre com aquilo que estou para criar: eis que farei de Jerusalém um júbilo e do seu povo, uma alegria. Sim, regozijar-me-ei em Jerusalém, sentirei alegria em meu povo. Nela não se tornará a ouvir choro nem lamentação. ... Os homens construirão casas e as habitarão, plantarão videiras e comerão os seus frutos. Já não construirão para que outro habite a sua casa, não plantarão para que outro coma o fruto, pois a duração da vida do meu povo será como os dias de uma árvore, os meus eleitos consumirão eles mesmos o fruto do trabalho. Não se fatigarão inutilmente, nem gerarão filhos para a desgraça. ... Eis para que estão voltados meus olhos, para o pobre e para o abatido. ... Por acaso uma terra pode nascer em um dia? Pode uma nação ser gerada de uma só vez? Pois Sião, assim que sentiu as dores de parto, deu à luz os seus filhos! ... Se sou eu que faço nascer, impedirei de dar à luz?, diz o teu Deus. Alegrai-vos com Jerusalém, exultai nela, todos os que a amais; regozijai-vos com ela, todos os que por ela estáveis de luto, pois sereis amamentados e saciados pelo seu seio consolador. ... Com efeito, assim diz Iahweh: Eis que trarei a paz como um rio e a glória das nações como uma torrente transbordante." (***Bíblia de Jerusalém***, Isaías 65:17-19, 20-23, 66:2, 8-12.) Também mencionada no Novo Testamento, em Apocalipse 21:1-7. (N. T.)

[9] Alusão a Mateus 7:24-27. (N. T.)

[10] Daí a chamada ditadura do proletariado, ou seja, o socialismo imposto pela força a quem carece de valores éticos para reconhecê-lo como uma realidade natural. (N. da E.) *

* Por variadas razões teóricas, é controverso associar, como faz esta nota da editora, a ideia marxista de "ditadura do proletariado" com a "anarquia social" de que fala o texto, ainda que o autor o pretendesse. (N. T.)

ria, em primeiro lugar, que nos assinala, de tempos em tempos, os cataclismos das doutrinas que fracassaram por se terem levado à prática quando os mesmos homens que as faziam triunfantes ignoravam a magnitude de suas concepções e careciam da preparação necessária para arraigá-las definitivamente.

Temos também razões de ordem filosófica e de ordem científica que havemos de demonstrar no curso desta conferência. Ser materialista e socialista ao mesmo tempo é um contrassenso.

O materialismo, como ideal que deva prosperar no mundo, não conseguiu jamais, na prática, formar escola. Os mesmos materialistas não se animam a proclamar suas ideias como um ideal de felicidade e perfeição. Os mais fanáticos e exaltados vivem contradizendo suas teorias na vida ordinária, transigindo com o espiritualismo e praticando às vezes o ideal cristão.

Os outros, que são a maioria, limitam-se a expor suas ideias isoladamente, mas sobre um ou outro pensador como Büchner, Schopenhauer e Nietzsche, que escreveram livros baseados na observação do mundo e dos seres, esforçando-se em dar a conhecer a realidade destes, não como são em si mesmos e sim como aparentam ser. Nenhum deles vive num absoluto acordo com as ideias que proclama, felizmente para a humanidade; e, quando lograram enervar e perverter os povos, conduzindo-os à prática dos mais grosseiros sensualismos, quando lhes fizeram perder a fé e a esperança nos ideais superiores e transcendentais, então vimos preponderar nas multidões a barbárie e a besta humana surgiu com todos os seus instintos ferozes, dominando todas as aspirações do homem, como sucede na época presente.

Mas essas épocas não duram, não duraram jamais. Quando uma religião deixou de ser o norte ou guia das ações humanas (porque os homens a perverteram), uma nova surgiu com ideais mais elevados e com a força suficiente para levantar o homem de sua prostração moral, infundindo-lhe novas esperanças e energias e fazendo-lhe evolucionar por sendas até então ignoradas. Exemplo: o cristianismo, sem cujo oportuno aparecimento, o mundo do ocidente não teria surgido do fundo do abismo a que o haviam levado seus erros e desacertos.

Mais tarde, quando as religiões nascidas do cristianismo, que serviram de sustento espiritual às nações que as aceitaram, desprestigiaram-se a impulsos de seus próprio desacertos e a ciência as chamou ante o tribunal da opinião para que provassem seus dogmas; quando todos os homens, cansados de mistificações e enganos nos quais haviam acreditado, diziam às igrejas: "Provai-nos a existência da alma e creremos nela", então foi que providencialmente apareceu o Espiritismo, trazendo a prova exigida pela ciência positiva.

Assim, pois, o materialismo, quando quis em alguma época definitivamente se impor, no momento veio o contragolpe do alto e livrou a humanidade da depravação, do retrocesso, da anarquia, do caos. E é assim como se demonstra que a humanidade tem uma Providência que jamais a abandona e, quando cai, ao impulso de suas culpas e erros, no instante esta se faz sentir e lhe infunde novo sangue moral por meio de seus messias e reformadores.

Dissemos, antes, que o socialismo com suas ideias materialistas não tem base moral suficiente para fazer triunfar definitivamente seus nobres ideais. Necessitamos demonstrar essa afirmação. Vamos, pois, intentá-lo.

O socialismo, como já dissemos, funda-se num ideal de justiça, mas esse ideal não é uma base sólida, porque, para exigir do homem que pratique a justiça, é necessário primeiro que esse dever se relacione intimamente com sua razão de ser e existir no mundo.

Se o homem considera que sua atuação neste mundo é obra da casualidade ou de um destino tão cego como a mesma natureza que o engendra; se suas ações e sentimentos, sejam bons ou maus, heroicos ou abomináveis, não têm nenhuma sanção ulterior a esta existência fugaz e que muito bem se poderia considerar um sopro, comparada com a eternidade; se tudo isso fosse verdade, onde está a razão dessa justiça que se quer exigir ao homem que, nascido do caos de uma notória injustiça, tocou-lhe o melhor lote na vida?

Mas, se eles dizem que este mundo está mal feito, que é um absurdo que não mediou em sua formação um ideal de amor e de justiça, que tudo é egoísmo, que tudo é um dédalo de contradições, obscuridade e mistério; se os socialistas proclamam que as ações humanas, tanto as boas como as más, os sacrifícios, os sofrimentos, as abnegações, tudo isso, só têm realidade dentro do limitado horizonte que medeia entre o nascimento e a morte; se as injustiças sociais e o absurdo da existência humana são consequências da injustiça fundamental da natureza mesma e nada justifica que em alguma parte se há de obter reparação e compensação proporcional pelos males sofridos e méritos conquistados; e se são ilusórios nossos afãs de perfeição e felicidade, como, então, não reconhecer o egoísmo como o móvel mais razoável e lógico, no qual se baseia o super-homem? E quem nos garante que, se os socialistas conseguissem de pronto o triunfo definitivo de sua causa, não se converteriam eles em burgueses, os atuais ocupando naturalmente o posto inferior que aqueles deixaram?

E isso seria o razoável e lógico. Quando o amor ou a fraternidade não são os móveis das grandes causas; quando se carece da elevação moral e do altruísmo indispensável para não abusar das vantagens que proporcionam as altas posições em que o homem se acha colocado; quando, numa palavra, o egoísmo se sobrepõe a todo sentimento de equidade e de fraternidade, não é possível fundar as instituições e exigir dos que têm a força e o poder que cumpram honradamente suas promessas de quando lutavam desde abaixo, exigindo uma justiça distributiva.

Não se deve esquecer jamais que é o senso moral, baseado no amor de todos os homens sem exceção, a única coisa eficaz para o estabelecimento definitivo do socialismo no mundo. Também se deve ter presente que os socialistas (falo em geral) não têm melhores ideias e costumes morais que os da burguesia.

Portanto, não podemos esperar deles uma aplicação melhor de seus princípios, do que a que fazem os burgueses dos seus. Porque também os burgueses, se os ouvimos, sabem explicar sua atuação na vida e apresentam programas tendentes a fazer a felicidade dos homens, e até fazem gala de sentimentos religiosos nos quais creem se fundarem para explicar a justiça de seus procederes.

E essas reflexões não são simples conjecturas, são o resultado da observação e do conhecimento da história humana. Não nos diz a história, por exemplo, que a igreja cristã, depois de haver lutado três séculos pelo triunfo de seu ideal e de haver fecundado a terra com o sangue de seus mártires, quando Constantino legitimou seu triunfo e a fez oficial, esta, de perseguida, fez-se perseguidora? Não demonstrou então a mesma sanha, para perseguir e derramar o sangue dos que não opinavam como ela, que havia empregado seu inimigo, o paganismo? Não nos diz a história que a Revolução Francesa, que entranhava um ideal puro de liberdade e justiça, no dia em que pôs abaixo os tronos e proclamou a liberdade, a igualdade e a fraternidade, esses formosos princípios se converteram em despotismo, ódios e injustiças? E tudo isso, o que nos ensina?

Simplesmente, que uma coisa é sustentar ideais nobres e outra coisa é levá-los à prática. Simplesmente, que, para realizar uma evolução radical nas instituições e nos costumes, necessita-se, antes de tudo, da capacitação das massas e do desenvolvimento de certo senso moral, para que os novos ideais não se pratiquem em proveito exclusivo dos vencedores e em prejuízo dos vencidos. Porque, se a liberdade e a prática da justiça hão de servir em proveito exclusivo dos que as proclamam e não para todos, essa não é liberdade nem justiça, e sim despotismo e escravidão, exercitada hoje por uma oligarquia triunfante que a revolução ou a evolução leva ao poder contra a oligarquia vencida.

Pois bem, outro tanto sucederia ao socialismo no dia em que seus *leaders* conseguissem realizar todas as suas aspirações não tendo outra moral que a que se deduz do materialismo. Pois, pelo motivo mesmo de que essas aspirações são grandiosas e nobres e representam um grau de progresso intelectual e moral, é indispensável que aqueles que queiram implantá-las tenham esse mesmo desenvolvimento, para que essa evolução fique definitivamente incorporada às instituições e costumes dos povos e não seja o ponto de partida de novas perturbações e anarquias.

Com a moral materialista, nenhum progresso estável pode se realizar, porque, como dissemos, essa moral não tem sólido fundamento nem um objeto lógico e racional.

Não quero dizer, com isso, que dentro do materialismo não haja homens de um intensíssimo senso moral e bem intencionados, mas esses são a minoria. Pois a experiência nos ensina que, com essas crenças, as nações, cada dia que passa, têm necessidade de novos cárceres, polícias e leis restritivas; e que, graças a essas tristes instituições – que nos revelam um estado de barbárie coberto com refinamentos de civilização –, graças a elas, digo, podemos transitar nossas ruas com alguma segurança, sem temor de ser assaltados, e que, até certo ponto, garantam-se nossos direitos.

Pensemos, senhores, em que, se se suprimissem a polícia e os cárceres, não haveria garantias para a vida e a propriedade. A vida, então, não seria possível e a ordem e a pouca cultura que possuímos desapareceriam sem o temor ao castigo, resultando, ao fim, no desbordo de todos os instintos sanguinários, sensuais, pérfidos, egoístas que estão comprimidos pela ameaça do castigo e da desonra social.

Nós, os espíritas, temos um aforismo que simboliza fielmente os ideais que perseguimos; nós dizemos: "Onde o amor impera, todas as leis sobram[11]". E este é o ideal que nos guia: fazer com que o amor una todos os homens e os povos em indissolúvel laço; que o sentimento de solidariedade se estenda pelo mundo, como se estende o da solidariedade de interesses materiais; que se pratique, enfim, o pensamento

[11] Frase atribuída a Platão, que sintetiza passagens dos diálogos *A República, Político*, e *As Leis*. Ele escreve, por exemplo, na *República* (livro VII, 540b): "Quando tiverem vislumbrado *o bem em si mesmo*, usá-lo-ão como um modelo para organizar a cidade, os particulares e a sua própria pessoa, cada um por sua vez, pelo resto da sua vida. ... Suportarão trabalhar nas tarefas de administração e governo, *por amor à cidade*, pois que verão nisso não uma ocupação nobre, mas *um dever indispensável*". Noutro sentido, ainda na *República*, conclui-se o livro IV (442c-443b) com explicação de que "a amizade (*philía*, amor) e harmonia dos elementos da alma", no sábio, fazem com que este não cometa infrações na cidade. Nas *Leis*, livro III, o filósofo diz, por outro lado, que *um povo bom e justo*, que teria existido em passado remoto, *prescindia, por isso, de leis*, estas tendo surgido devido à multiplicação dos clãs. O Espiritismo traz, no fundo, o mesmo ensinamento, para o futuro no qual o homem esteja bem avançado, como escreve Allan Kardec: "Com a ajuda das novas luzes trazidas pelo Espiritismo e os Espíritos, o homem compreende a solidariedade que liga todos os seres; a caridade e a fraternidade se tornam necessidade social; ele *faz por convicção* o que *não fazia senão por dever*, e *o faz melhor*." (*A Gênese*, cap. VII, 56.) Maurice Lachâtre, espírita da primeira hora, amigo e livreiro de Allan Kardec, em seu excelente *O Espiritismo: uma nova filosofia*, de 1880 (no cap. 6, "Lei do progresso", p. 116-117), deixa patente: "As nações poderiam ser *regidas unicamente pelas leis da natureza, sem o auxílio das leis humanas*; e assim será *quando os homens compreenderem melhor em que consistem os seus direitos e os seus deveres*. ... O Espiritismo se destina a preparar o caminho para essa nova ordem de coisas, ... acabando com os preconceitos de seitas, de castas, de sexo e de cor da pele; espalhando entre os homens o princípio de propriedade coletiva e de solidariedade que deve unir *os homens como irmãos*". (N. T.)

que informa estas singelas palavras de Jesus: "Amai-vos uns aos outros, porque só nisto consiste a lei e os profetas[12]". Isso deve ser o ponto de partida de um socialismo que aspira a melhorar as condições de habitabilidade do homem na Terra, porque essa base é inamovível, nela radica o princípio da liberdade e da relativa igualdade a que podemos aspirar.

Mas, se o socialismo quer o advento de uma idade de justiça fazendo consistir unicamente o mal social no açambarcamento do capital e da riqueza pelos super-homens de que nos fala Nietzsche; se não intervém para nada o parentesco espiritual que deve unir a humanidade inteira, então a luta se empenha entre os que, validos da força e da astúcia, mantêm instituições e leis condenáveis e os que, de baixo, sofrendo as injustiças do super-homem que é o rei do mundo, trabalham por constituir a sociedade de modo que eles também possam ter um talher no banquete da vida.

Mas, como o fundamento de seu sistema não é o amor; como nem reconhecem o sentimento de solidariedade senão entre os afiliados e o negam para seus contrários, resulta que o dia do triunfo definitivo do socialismo sobre as velhas instituições seria como na Revolução Francesa, o dia do império absoluto da classe trabalhadora sobre a capitalista vindo a concluir, em definitivo, que os párias de hoje seriam os gozadores do mundo e estes, os párias da nova era.

Por isso, e para que o socialismo faça sua jornada que seja proveitosa para todos, o Espiritismo o baseia no parentesco espiritual de todos os homens, porque, no dia em que todos os homens se amarem e se protegerem conforme esse preceito cristão, uns cederão de bom grado seus privilégios e os outros deporão seus ódios, esquecerão as ofensas recebidas como tradição funesta que o egoísmo e a ignorância nos legaram,

[12] João 13:34-35, 15:12,17; Mateus 22:39-40. (N. T.)

próprias das humanidades atrasadas e imperfeitas, como o é ainda a nossa.

O Espiritismo proclama a igualdade de todos os seres humanos e funda essa igualdade em que o espírito que anima todos os homens é igual, porque tem a mesma origem. O Espiritismo não reconhece privilégios na criação; todos os seres têm um mesmo princípio, todos, as mesmas faculdades, os mesmos meios e as mesmas leis invariáveis e eternas os regem para conquistar sua felicidade e perfeição, e todos se encaminham para um fim único, evolucionando por meio do desenvolvimento dessas mesmas faculdades que todos receberam com a vida imortal. Cada ser é uma mônada espiritual, igual às demais. E a diferenciação que observamos não provém de desigualdades de faculdades e meios, não procede de que essa faísca anímica, emanação divina, seja em si imperfeita, porque de Deus não pode sair nada que não seja perfeito, nem, tampouco, pode-se supor nenhuma graça especial, nenhuma distinção aborrecedora para com alguns de seus filhos, suposto que isso seria não só uma falta de amor, mas uma grande injustiça.

Mas, pergunta-se, sem dúvida: "A que se devem as desigualdades, as injustiças da sorte ou do destino, os sofrimentos que, para uns, é o lote de herança que recebem ao nascer e que os acompanham desde o berço ao sepulcro, e a felicidade e os gozos que, para outros, parece que foram um privilégio concedido por um deus parcial e injusto?" Ao que nós responderíamos: essas diferenciações de aptidões, inteligência, senso moral, índoles diversas e essas tão variadas e distintas posições dos homens no mundo, desde o que nasce aleijado e cego até o que sofre as maiores injustiças da sorte e de seus semelhantes, sem que se possa compreender a justiça que explique essas situações, tudo isso não provém de uma desigualdade originária na criação dos espíritos. E, sim, do passado destes, de que nem todos nasceram ou foram criados numa mesma época, e, sobretudo, do livre arbítrio. Pois os espíritos, quando já são conscientes, seguem o caminho que consideram melhor; e é na eleição ou necessidade de adquirir experiência por si mesmos, e na ignorância, por falta ainda do desenvolvimento das faculdades espirituais e também do estacionamento em que incorrem alguns, detendo-se a meio do caminho por causa das paixões e dos vícios que se adquirem; por tudo isso, resulta a desigualdade e variedade entre os homens.

As diferenças notáveis que existem entre as épocas do nascimento à vida consciente de todos os seres e o livre arbítrio, que é uma condição essencial do mérito e responsabilidade dos atos, são as principais causas das diferenciações que notamos na humanidade. Enquanto uns se estacionam, outros seguem sua marcha ascensional para a conquista dos grandes destinos.

Fundado nesses princípios, o Espiritismo encontrou não só a justiça senão a bondade divina. E é unicamente a esse preço que Deus existe; porque, se não se pudesse demonstrar a lógica e consequência desses atributos, necessariamente Deus não existiria – como não existe para o ateu, porque nenhuma religião ou filosofia pôde lhe dar a razão fundamental de sua existência.

Os materialistas e ateus não negam esses princípios fundamentais porque possuem os fundamentos de sua negação, e sim porque, julgando a criação do ponto de vista que ocupam nela, não encontram nem justiça, nem lógica, nem harmonia. O erro em que incorrem se estriba numa concepção falsa e, às vezes, incompleta do Gênesis; e, ademais, na falta de lógica e ilação que notam entre o que sempre ensinaram as religiões positivas e na observação do mundo, considerada à simples vista.

Para resolver essa questão, não podemos encará-la unicamente contando com a observação de nosso mísero planeta, porque seria o mesmo que tratar de nos darmos conta exata de uma obra de muitos tomos com a leitura de um que não fosse nem o primeiro nem o último. E isso é o que se passa quando, ao querer penetrar no mistério da criação, tomamos como base e guia essencial os conhecimentos truncados que nosso mundo pode nos proporcionar.

Segundo nossa doutrina, cada um é filho de suas obras. Os bons, os inteligentes o são porque, em suas passadas existências, lutaram contra a ignorância e as imperfeições; toda a sua felicidade presente se deve a que adquiriram experiência, lutaram, sofreram e pagaram suas dívidas contraídas na evolução que fazemos todos, passando por mundos inferiores como o nosso, nos quais, se bem se recolhem lauréis, também espinhos, com o contato das impurezas da matéria e seus instintos; e os maus, os ignorantes, os infelizes pagam hoje as consequências de seu atraso e de suas faltas das vidas anteriores.

Todo o afã do homem nesses mundos inferiores se circunscreve a retirar dívidas passadas, em aliviar-se do peso da culpa, para, adiante, voltar à vida, livre dos obstáculos que o passado opõe em forma de fatalidade ou destino, e, no caminho expedito, poder dedicar as novas existências ao próprio aperfeiçoamento do espírito.

Resulta, pois, que as desigualdades do homem provêm de sua ignorância, imperfeições e do estancamento em que alguns permanecem por sua própria e deliberada vontade, sem desenvolver as próprias energias para desarraigar os sensualismos, vícios e paixões brutais.

Esses estados anormais trazem como consequência necessária as dores e sofrimentos, a ausência da verdadeira sorte; mas esses estados são transitórios, depende de nós mesmos o passá-los depressa, uma vez que adquirimos o conhecimento de que é o atraso que os produz e é nossa insistência no mal que lhes dá o caráter de estáveis.

Isso também nos prova que o mal e a imperfeição não são eternos; e que, como dissemos, unicamente de nós depende nos vermos livres deles. Nascendo, pois, todos do amor infinito, e resultando que, do amor infinito, não pode sair nada que não seja para a perfeição; e considerando, ademais, que não existem entre nós desigualdades de origem, resulta que todos somos irmãos da grande família humana e, por isso mesmo, todos devemos nos ajudar mutuamente.

Se os socialistas, pois, assentarem sua doutrina sobre essa base inamovível; – se não virem nos que gozam unicamente os usurpadores de direitos que a eles lhes correspondem e sim irmãos extraviados pelo poder da força e do egoísmo, que há que reduzir a um estado em que racionalmente reconheçam a injustiça com que procedem; – se reconhecerem que, sendo a humanidade solidária em suas origens e seus fins, todo o bem como todo o mal que existe no mundo é a obra de todos (pois nenhum socialista poderia assegurar que ele, em existências anteriores, tendo nascido com riquezas e poder, não tenha feito tanto quanto os que agora gozam desse mesmo poder e dessas riquezas), porque nenhum pode afirmar que o ponto inicial de sua doutrina não se funda num sentimento egoísta, premido pela necessidade, à parte de que também os guia um sentimento de justiça; – se, por último, não tratarem de cavar um abismo entre os capitalistas e os trabalhadores por meio do ódio de classes que é o mais antifraternal e anticivilizador, porque esse ódio será sempre a barreira que separará os povos e impedirá que o socialismo se arraigue como uma verdade inamovível, superando todas as suscetibilidades, fazendo penetrar no coração dos poderosos a razão augusta que a informa; então, senhores, o socialismo triunfará definitivamente do super-homem, e este, abatendo sua arrogância e seu egoísmo, proclamará a nova verdade, como fundada no amor recíproco, na verdadeira solidariedade humana.

Os espíritas são socialistas, mas seu socialismo se funda no amor verdadeiro que deve existir entre todos os homens; desse amor assim considerado, flui naturalmente o sentimento de justiça.

A justiça que não se origina no amor poderá ser uma simples consequência; mas, no terreno das conveniências, nenhum princípio altruísta se esclarece, porque o que é uma conveniência para os socialistas não o é para os burgueses e vice-versa. Daí a necessidade de fundar o socialismo em um princípio mais elevado, mais verdadeiramente altruísta, e esse princípio é o amor.

Se o socialismo pede a modificação das condições precárias da classe trabalhadora; se está em seu direito exigir aos ricos menos egoísmo, às leis, mais equidade e justiça e aos governos, menos indiferença por sua sorte, deve começar por declarar que essas petições e exigências se baseiam na fraternidade humana. Porque, se é verdade que somos todos irmãos, não é justo que os irmãos abastados olhem para os irmãos miseráveis como estranhos, como se nenhum vínculo social e moral os unisse, e muito menos quando esses abastados, em geral, proclamam-se religiosos, verdadeiros cristãos, com palavras enfáticas e com formulismos mais ou menos sinceros.

Se o mundo é do mais forte; se os que não têm garras para chegar ao super-homem carecem do direito à vida – como o afirmam as ideias correntes materialistas –, qual é a justiça que se quer fazer triunfar no mundo, que, segundo eles, é o produto da maior injustiça?

Então, senhores, que classe de justiça se proclama? Por que classe de direitos se trabalha, se não pode haver justiça para a boca dos que sofrem misérias por sua triste sorte e só existem direitos para os que têm a riqueza e se escudam num cerrado egoísmo? Por isso, vimos sempre que os que, numa época, clamaram pela justiça e seus direitos, quando se colocaram na altura, longe de aplicar aos seus verdugos os mesmos princípios de justiça e respeitar seus direitos, pelo contrário, com ódio intransigente e fanático, aniquilaram-nos em vingança e em nome da liberdade, da pátria, da humanidade inteira.

E isso sempre se colheu por falta do verdadeiro amor cristão, porque temos desconhecido nossa origem espiritual, porque não temos nos tratado com amor, como verdadeiros irmãos.

O materialismo, pois, bem considerado, é a negação de todo socialismo que não se fundamente no amor cristão. Não se pode exigir justiça a um mundo nascido de uma injustiça cega, nem, tampouco, sentimentos altruístas ao homem a quem tocou o melhor lote na vida, se essa vida não tem outras ulterioridades que o proveito que se possa tirar da vida mesma.

Por isso, a história nos demonstrou que os que, numa época, clamaram pela justiça e seus direitos, quando se colocaram na altura, em vez de aplicar aos seus verdugos os princípios com ajuda dos quais se elevaram, pelo contrário, perseguiram-nos, odiaram-nos se vingando cruelmente em nome da liberdade, da justiça, dos direitos humanos. E esse foi o resultado da carência do verdadeiro amor cristão, porque se desconheceu a origem espiritual comum a todos os homens, por não se ter tratado como verdadeiros irmãos.

Em conclusão, senhores, se a criação é o resultado do caos, de forças cegas nas quais não intervém uma inteligência ordenadora; se nela não precedeu o amor e uma absoluta sabedoria, por que, então, e com que lógica se há de exigir aos que nasceram com todos os privilégios – que só uma sorte cega e injusta pode lhes dar, com melhores condições para o triunfo nas lutas que se estabelecem com os que nascem já vencidos pelo meio e por suas próprias fraquezas –, com que lógica, repito, há de se lhes dar uma participação no banquete da vida? E, por que aqueles hão de renunciar à sorte de um momento, para dividi-la com os que a fortuna, a casualidade ou o destino negou tudo para serem ditosos? Em virtude de que princípio de justiça hão de renunciar ao seu egoísmo, se os deserdados não têm com eles nenhum parentesco; se o mundo e o homem são abortos inconcebíveis de forças cegas e irresponsáveis; se não existe maior inimigo do homem do que o homem mesmo; se não nasceram do amor e se logicamente há que aproveitar esta fugaz existência e defender os gozos que ela proporciona, posto que nosso único porvir é nos submergirmos nas trevas do nada?

Razão, pois, tinha Epicuro e sua escola ao limitar todo o ideal humano a estas frias e desalentadoras palavras: *Comamos e bebamos, que amanhã morreremos*[13].

Senhores, *o socialismo é, como já dissemos, um capítulo do Espiritismo*. O socialismo provém, para nós, os ocidentais, da doutrina pregada por Jesus; é aqui onde se acha a razão fundamental do socialismo. Não teremos jamais verdadeiro socialismo, enquanto se queira prescindir do amor cristão, enquanto os que o pregam busquem sua entronização fundados

[13] Isaías 22:13; 1 Coríntios 15:22. Sentimento hedonístico dos israelitas desesperados ante o ataque inimigo, mencionado em Isaías. Ideia também presente em poetas antigos, como Horácio e Menandro. Mais tarde, foi adotada por pensadores epicureus, porém, associada a uma doutrina racional e ética, não redutível ao hedonismo materialista. (N. T.)

unicamente na necessidade do momento ou no fato de que lhes tocou a pior parte na vida.

Não, tudo isso não é fundamento sólido para que as classes privilegiadas cedam ante uma razão tão frágil, se não se reconhece um vínculo espiritual; se a humanidade não está unida por vínculos indissolúveis no passado, presente e no porvir que a espera. Essa solidariedade, que cada dia que passa a estreita mais, porque a marcha do mundo, seus progressos e até seus estacionamentos, é a obra de todos, e todos, por conseguinte, são responsáveis pelos erros presentes: tudo isso é a razão e o fundamento sólido do socialismo e é essa a orientação que devem seguir todos quantos de inspirem no desejo de que, na Terra, haja mais justiça distributiva e mais interesse pelas classes deserdadas.

Senhores, repetiremos por uma última vez: para os espíritas, não existe outro fundamento sólido, inamovível, eterno, em todo o universo, que o amor. Pelo amor recíproco dos homens, podemos valorar o pouco de grande, belo e elevado que tem nossa civilização. E, pelo ódio, pela ignorância, pela indiferença e pelo egoísmo, tudo quanto de vergonhoso e ignóbil a enfeia e apequena ainda, apesar de que fazem dois mil anos que Jesus lançou os alicerces dessa doutrina tão singela e tão pura e que, no entanto, cabe dentro destas poucas palavras: "Amai-vos uns aos outros, porque todos sois filhos de um mesmo Pai[14]".

Mas o homem, em seu orgulho e suficiência, ainda segue não as reconhecendo, em nome de um materialismo que cerra todos os horizontes às almas sedentas de amor, verdade e justiça.

O homem, em sua lamentável obcecação, subleva-se e não quer amos, nem divinos nem humanos; nada quer saber

[14] João 13:34-35, 15:12,17; Mateus 23:8-9. (N. T.)

dos problemas que concernem à consciência e que se relacionam com o mais além da vida; quer usar de uma liberdade que lhe dê o domínio absoluto do mundo para a satisfação de todos os seus gozos; e, no entanto, jamais sofreu uma escravidão maior, porque não existe uma escravidão mais perniciosa do que aquela que facilitam a posse dos gozos mundanos e a satisfação dos instintos grosseiros da matéria.

E essa escravidão em que vive e essa vida agitada, turbulenta, inquieta e quase sempre infeliz que leva é pela ignorância em que está acerca de seu verdadeiro destino. É porque não sabe qual é o verdadeiro objeto e finalidade das existências terrestres. É porque ignora que a vida não é prazer e sim dever; mas esse dever, como se o imagina, não se limita exclusivamente à satisfação das exigências do mundo, e sim à extinção das imperfeições, à luta incessante contras as paixões e os instintos herdados na lenta evolução que fizemos nas esferas inferiores da animalidade.

Por último, senhores, o Espiritismo, sob qualquer das faces que se o considere: religiosa, filosófica ou científica, é uma ponte estendida para aproximar todas as escolas e fundir todos os sectarismos. É o laço de união entre a religião e a ciência. É o que traz o verdadeiro verbo, ante cuja enunciação hão de se agrupar estreitamente os super-homens e os hilotas[15], os gozadores e os que apenas têm o necessário na vida; porque, senhores, o amor cristão, bem sentido, tem calor suficiente para derreter o gelo do egoísmo dos homens. A verdade espírita tem a virtude de destruir todas as mentiras convencionais de nossa civilização.

Passo, pois, a esse verbo, que, com tantas dificuldades, tropeça para se fazer carne[16]; passo, franco, a essas novas orientações do espírito religioso, filosófico e científico dos ho-

[15] Escravos da antiga Esparta. (N. T.)
[16] Referência a João 1:14. (N. T.)

mens estudiosos e pensadores, porque nelas se resolvem os mais importantes problemas da vida e do mais além do túmulo; porque, seguindo esse caminho, veem-se realizados todos os sonhos de verdade, bondade e justiça que temos sonhado, e, desesperados de não achar-lhes uma solução racional, abandonamo-los, repetindo as desalentadoras palavras do poeta: os sonhos, sonhos são[17].

Por último, o Espiritismo ensina a confiar resolutamente em que, alguma vez, ver-se-ão realizadas todas as nossas sãs e legítimas aspirações. Porque, se não houvessem de se realizar, não surgiriam de nossa mente, nem teriam ocasião em nosso coração, pois, como dizia um espírito: assim como a pedra lançada cai, assim a esperança fundada chega[18].

Senhores, depois da conferência que ouvistes, o eloquente orador sagrado, monsenhor D'Andrea, dilucidou na Catedral esse mesmo tema do socialismo, do ponto de vista da família. Apesar da reconhecida competência do orador para abordar toda classe de questões sociais, devo declarar que a dissertação do monsenhor D'Andrea não me satisfez e creio oportuno expor a seu respeito umas breves considerações.

Acreditava que, em sua conferência, ia dilucidar o tema, como eu o dilucidei esta noite, quer dizer, extraindo do evangelho, por ser o evangelho a fonte e ponto de partida de nossa civilização; mas vi com surpresa que o orador renega todo socialismo, não o aceita sob nenhuma forma: nem cristão, nem materialista. Se o monsenhor D'Andrea não estivesse sugestionado pelos preconceitos do catolicismo e tratasse, por conseguinte, de se ajustar ao espírito do livro que serve de base à sua religião, teria que confessar que *Jesus é o maior revolucio-*

---

[17] Pedro Calderón de La Barca, no poema *La vida es sueño*, de 1635. (N. T.)

[18] Nas suas *Memórias de um hombre medíocre*, capítulo III, Mariño recorda esses dizeres, que lhe foram marcantes quando estava na cidade de Dolores, sem, porém, identificar o autor espiritual: "Quando conheci o Espiritismo, apropriei-me de um aforismo de um espírito que disse: 'Assim como a pedra lançada cai, assim a esperança fundada chega'." (N. T.)

nário social dos que teve a humanidade e que é o verdadeiro fundador do socialismo.

Se o monsenhor D'Andrea tivesse seguido, como o manifestou, o exemplo de grandes escritores e do pontífice Leão XIII, não teria condenado em absoluto o socialismo. O grande papa e grande político Leão XIII, em sua encíclica *Rerum novarum*, iniciou um grande movimento cristão em favor do socialismo, que em seguida foi conhecido com o nome de "democracia cristã", apoiado decididamente por eminências do clero e à cuja cabeça estava o cônego Murri, que gozou de todo o favor e prestígio de Leão XIII enquanto viveu e que, depois de morto este, foi perseguido pelo papa atual[19], do mesmo modo que todos os seus colaboradores, até fazê-los abjurar da religião católica.

A obra de Leão XIII – que se iniciou sob esta divisa: *Lumen in cælo*[20] e que realmente apareceu no horizonte obscuro e agitado do catolicismo como uma grande luz que só emerge de um espírito *genial* –, essa obra, repito, de tolerância e de reversão ao verdadeiro cristianismo, foi destruída pelo papa atual, que, seguindo sua intolerante divisa *Ignis ardens*[21], está pondo fogo à igreja por todos os lados.

Quero, pois, deixar constância, nesta noite, que a questão se resolve para a igreja sob este dilema: ou tem razão Leão XIII, ou a tem Pio X. Para qualquer lado que se incline a balança, teremos a repetição deste fato histórico, a saber, de que os papas, por mais infalíveis que se queira supô-los, incorrem sempre nessas contradições que deixam muito mal defendido o dogma.

Por outra parte, senhores, culpar o socialismo como o único propulsor da dissolução do lar e da família, porque a maio-

[19] Refere-se ao sucessor de Leão XIII, o Papa Pio X. (N. da E.)
[20] Lat.: "Luz no céu". (N. T.)
[21] Lat.: "Fogo ardente". (N. T.)

ria de seus partidários é materialista, é uma notória injustiça, porque os erros que se lhe atribuem não são exclusivamente seus, são comuns às mentiras convencionais que se sustentam dentro da religião, da política e da filosofia imperantes.

É certo, como o fiz notar em minha conferência, que os socialistas militantes são, no geral, ateus e materialistas e que, se seguem essas ideias, contribuirão ou estão já contribuindo para a dissolução da família; mas, são eles só os materialistas e ateus? São eles os que até o presente dirigiram a criança, educaram-na e colocaram na senda da vida? É o socialismo que agora tomou a criança sob sua proteção desde seu nascimento e a mulher, desde que faz sua primeira comunhão? A mãe entrega seus filhos aos socialistas para que os eduquem, ou é ao sacerdote ou às irmãs de caridade a quem se dirigem para que formem seus descendentes com ideias sãs, com sentimentos religiosos e cristãos, a fim de que mais tarde formem o lar que, como se sabe, é a base de toda sociedade e, segundo esteja constituído, assim também o estará a sociedade?

O socialismo, senhores, ainda não triunfou, ainda não pôde pôr em prática seu programa de princípios; e, portanto, as instituições do lar e a família, se vacilam e desmoronam-se, como o estamos vendo, a responsabilidade é dos que têm autoridade sobre a mulher, dos que se apoderam da criança desde que nasce para educá-la, de maneira que saia triunfante nas lutas da vida e em conquistar seu adiantamento moral.

Se os socialistas contribuem para o desarranjo moral, não é precisamente pelos princípios que proclamam em sua plataforma, e sim por suas ideias individualmente materialistas. Serão, sem dúvida, um elemento que se agregue aos muitos que existem e que vão gradualmente minando as instituições que em todo tempo foram a pedra angular das sociedades.

Não existe somente o materialismo dentro do socialismo.

Materialistas há entre os livres pensadores, como entre os que enfaticamente se proclamam homens religiosos. Materialismo existe entre as mães de família e entre as mulheres que cumprem fielmente com a igreja. Materialismo há entre o clero, porque ensinam o cristianismo antepondo a letra que mata ao espírito que vivifica[22], fazendo consistir toda a religião em fórmulas e mandamentos de homens[23], contra o mandato expresso do mestre quando disse: "Amai-vos uns aos outros; não tenho outro mandamento que lhes dar, e nestas poucas palavras se encerram toda a lei e os profetas[24]".

Mas a religião oficial, com seu materialismo e sensualismo religioso, levaram a humanidade a uma hipocrisia tal, que os homens de nossa época têm o cérebro ateu e o coração devoto; mas, como, no homem, é o cérebro que guia seus atos e não o coração, sua devoção toma uma forma convencional e hipócrita, que lhe sugerem seu juízo e suas conveniências.

Os homens, no geral, não protestam contra essa religião acomodatícia e tão condescendente para com todas as fraquezas humanas. No máximo, os mais sinceros e que desejam estar em paz com sua consciência acham, na religião materialista e sensual que predomina, um modo fácil e discreto de coonestar seus instintos mundanos e, ao mesmo tempo, dar satisfações à sua consciência para tê-la contentada e que não se revele contra suas próprias fraquezas.

Assim, pois, chegou-se a invalidar a sentença de Jesus quando dizia: "Não se pode ao mesmo tempo servir a Deus a ao mundo[25]". Agora uma mãe de família pode, sem nenhum escrúpulo, abandonar o lar, entregar a mãos mercenárias o cuidado e a educação de seus filhos, viver absolutamente entre-

[22] 2 Coríntios 3:6. (N. T.)
[23] Marcos 7:7. (N. T.)
[24] João 13:34; Mateus 22:39-40. (N. T.)
[25] Mateus 6:24 ("Não se pode servir a Deus e a Mamon", isto é, ao "dinheiro"), interpretada provavelmente segundo Tiago 4:4. (N. T.)

gue aos gozos da vida moderna; ter suas partidas de jogo, suas ceias e bebedeiras depois de meia-noite, igual aos mais empedernidos velhacos; fazer a vida de clubes nos grandes balneários, onde a roleta e o champanhe são os únicos atrativos e onde se inventa toda classe de cabalas e de mascotes para atrair a sorte; e, enfim, fazer tudo isso e, ao mesmo tempo, ser uma perfeita devota, fervorosa adoradora de todos os ídolos.

Para estar bem com Deus e com o mundo, sua religião lhe exige bem pouca coisa: ouvir missa, confessar-se e, em todos os momentos, ser uma zelosa defensora de sua religião. Basta isso, repito, para ter o direito de levar uma vida dissipada, satisfazer todas as suas paixões e merecer, mais tarde, esse almejado céu, conquistado a tão pouco custo e sem sacrificar nenhum capricho, nenhuma paixão ou vício, nem fazer o mínimo para o bem de seus semelhantes.

Esses são as máximas e os princípios morais que informam a vida moderna. Com essa religião e esses costumes, pretende-se fundar, sob sólidas bases, o lar e a família; e, quando os que a prestigiam veem os resultados desastrosos que está dando, assinalam os que não comungam com seu credo como os verdadeiros causadores do desarranjo do lar e da família.

Não faltará, talvez, quem conteste que toda essa corrupção só se vê entre a "alta", que a classe média conserva as velhas virtudes. Perfeitamente, senhores; por sorte, ainda podemos exclamar: "Há juízes em Berlim![26]". Sabemos que, mesmo entre as classes aristocráticas, há ainda lares exemplares. Mas, não esqueçamos que "todo bem, como todo mal, vem de cima[27]", que são a aristocracia e as classes acomoda-

[26] Frase inferida da crônica de François Andrieu, *O moleiro de Sans-Souci*, de 1800, sobre o caso de um moleiro que, ante a ameaça caprichosa de confisco do moinho onde morava, pelo rei Frederico II, o Grande, da Prússia, contestou que isso só aconteceria "se não houvesse juízes em Berlim"; o rei, déspota legalista, teria recuado. Alude à persistência da justiça, ainda que excepcional, em meio às arbitrariedades e degradações dominantes. (N T.)

[27] Trecho de uma pregação do frei Girolamo Savonarola (1452-1498), feita aos chefes de governo no Palácio de Senhoria, sobre os abusos dos poderosos da re-

das que devem dar ao povo o exemplo saudável das virtudes cristãs, sobretudo entre nós, onde não existem demarcações claras entre as classes sociais e que, por isso mesmo, a facilidade com que as famílias ascendem de uma classe inferior a outra mais elevada faz com que essas tenham os olhares fixos no que fazem os de cima para se consolarem, entretanto, de não poderem se acotovelar na mesma altura.

Sabemos, por experiência, que, em nosso país, a maioria vive dependente do que fazem ou deixam de fazer as famílias de posição social encimada. E, como uma parte destas possui bem poucas virtudes e muitos vícios, nossa aristocracia é um perigo, em vez de ser uma escola de bons costumes. Logo, pois, é necessário dar a voz de alerta contra esse modernismo deletério e buscar os meios de cortar o mal de raiz; é preciso cuidar de salvar a classe média da corrupção das classes elevadas, e com maior razão entre nós, em que, pelas considerações expostas, encontra campo propício onde prosperar.

Agora, a quem corresponde velar para que o lar se mantenha alheio a todos os escândalos e que, pelo menos, o fogo sagrado não se extinga, porque a sacerdotisa encarregada de avivá-lo vive ausente dele e, quando está nele, com o pensamento e o coração fora dele?

É aos guardiões naturais: o pai e a mãe de família. Porém, o pai, no geral, é indiferente a tudo o que é da alçada da religião e, não poucas vezes, da moral mesma. Ele, por outra parte, tem sua cabeça nos negócios. E, segundo o critério que informa a vida moderna, seu grande dever, seu único dever na vida é servir de provedor da família; e, como, para prover hoje um lar de todos os luxos e comodidades sibaríticas exigidas pela sociedade, há que matutar muito e trabalhar muito mais, resulta que esse homem, para que seja um marido modelo e

---

pública, que muito prejudicavam e levavam à miséria o povo. (N. T.)

apreciado por sua família, deve necessariamente se converter em burro de carga.

Em nossa época, quando, em sociedade, julga-se um marido, não se têm em conta outras considerações e méritos que sua dedicação ao trabalho, que produz todas as comodidades apetecidas pela família. Se suas condições morais são más, se é infiel, libertino, vicioso, isso tem sua desculpa na vida social contemporânea, são *pecata minuta*[28], comparados com a pouca habilidade que alguns têm em se manterem numa pobreza que muito bem pode ser honrada, mas que não dá para satisfazer os prazeres e vaidades sociais. Por outra parte, o homem vive sempre urgido pela brevidade da existência e, como é materialista, sua divisa é: vida curta, porém, boa.

Esse pai de família, pois, assim considerado, como é possível que possa dar exemplos saudáveis aos seus? Que religião e que moral podem existir no lar moderno, se não se pratica nenhuma das virtudes cristãs e os pais creem ter cumprido com sua consciência e com o dever social encomendando a formação do caráter de seus filhos a mãos mercenárias?

Porém, fica-nos a mulher como último recurso; mas já dissemos que a mulher, como o homem, quer viver a vida, curta, porém, boa. No lar, não encontra estímulos no marido; na sociedade, menos. Em todas as partes, observa o desenfreio e o gozo, como o único ideal e o verdadeiro objeto da existência terrestre.

Dir-se-á que ela tem o sacerdote por guia espiritual, que supre com eficácia a incapacidade do marido para guiá-la espiritualmente. Mas, detenhamo-nos um momento sobre esse mentor de todos os tempos.

O sacerdote, evidentemente, seria um guia e um consolo; mas, ele o é? Pode o sacerdote corrigir o critério extraviado de

[28] Lat.: "pecados miúdos". (N. T.)

seu rebanho? Ou não pode? E, em tal caso, por que não pode? Essa é a questão.

O sacerdote, senhores, por mais que se diga o contrário, não tem nenhum ascendente sobre a mulher, toda vez que se proponha a desviá-la da vida de ostentação, de vaidade, de exteriorização, de vício que ostenta com toda impudicícia e desenfreio. A única coisa que consegue é mantê-la fiel à religião materialista e formulista que lhe ensinou. O sacerdote o compreende, e, por isso, contemporiza com seus costumes e bem pouco se ocupa de levar adiante uma propaganda enérgica para lhe fazer voltar ao verdadeiro sentimento religioso.

Quando um sacerdote sobe à cátedra sagrada para fustigar as fraquezas da mulher, guarda-se bem de denunciá-la como anticristã; guarda-se bem de dizer a verdade do estado moral da sociedade, de que o lar está desarranjado e de que ela é responsável em primeira linha desse desastroso estado de coisas.

E não é que o sacerdote não tenha recursos morais para se fazer obedecer, e sim que a mulher não os reconhece e, se o sacerdote se empenhasse em se impor, não seria obedecido, como não o é em muitíssimos costumes e leviandades, que o clero tolera por medo de uma rebelião que acabaria com seu já minguado prestígio.

Se ouvimos o monsenhor D'Andrea fazer elogios do lar e da família argentina, colocando-os entre os mais puros viveiros de virtudes cívicas e privadas e lhe lançou o sambenito ao socialismo[29]; se o mesmo orador defendeu o luxo; – e, se também o órgão oficial do arcebispado defendeu o jogo (e discordo dessa moral), a maior parte da caridade que se faz, assim como a construção de igrejas, é à base da roleta; – se

[29] Sambenito: hábito de tecido grosso que os penitentes, nos autos-de-fé, vestiam pela cabeça a caminho da execução. O autor usa a figura par dizer que a pregação do monsenhor lançou as culpas do lar e da família, bem como a penitência (sambenito) cabível a estes, injustamente, sobre o socialismo. (N. T.)

tudo isso se prega e se pratica, como costumes morais e sãos, pelos diretores espirituais da mulher; e se lhe confirma na falsa crença de que ela é um modelo de mães e de esposas; se tudo isso se afirma pelo clero, é porque está impossibilitado de falar claro; porque a autoridade que mantém sobre a mulher é mais aparente do que real.

É lástima grande que o monsenhor D'Andrea não se converta num Savonarola ou num Giordano Bruno, que, com sua eloquência e suas virtudes, detiveram a corrupção da mulher em épocas de grande desenfreio como a nossa.

Em resumo, senhores, nada vos satisfez a conferência do distinto orador sagrado, pois ela teve por único objeto lançar sobre o socialismo todas as responsabilidades da corrupção que reina na sociedade, e que provém da vida imoral e dissipada das famílias encimadas e na péssima educação dos filhos.

Em tudo isso, as responsabilidades são comuns, tanto do sacerdócio como dos socialistas e demais livres pensadores materialistas. Todos, por falta de princípios espiritualistas, vão conduzindo a sociedade ao caos e à anarquia; porque, ainda quando têm em suas mãos instituições e ideais que, bem encaminhados e melhor interpretados, bastariam para detê-la a meio do precipício, no entanto, na forma em que são aplicados, impulsionam-na mais para o fundo de sua ruína.

Já é tempo de que os pensadores se preocupem com o perigo que nos ameaça; é tempo de que todos reconheçamos que o materialismo, seja na religião, na filosofia e na ciência, jamais deu outros frutos que a imoralidade, a anarquia, os vícios e crimes horríveis que hoje todos contemplamos horrorizados.

O Espiritismo encerra todas as grandes aspirações do espírito humano; abarca a religião, a filosofia especulativa e sociológica e a ciência em geral; e, para explicar seus princípios numa forma lógica, razoável e positiva, não tem necessidade de negar nada nem de ser ateu nem materialista. Não se opõe, pois, a nenhuma das orientações do espírito, e sim, pelo contrário, confirma-as e tende a uni-las como complementares umas das outras e não como antagônicas.

Por último, o Espiritismo resolve os mais árduos problemas sobre a vida, a morte, o passado, o presente e o porvir que espera o homem no mais além – que foram, em todo tempo, seu pesadelo e o induziram a graves erros, por ignorância absoluta de suas origens e causas –, e da razão das desigualdades sociais e anomalias da sorte e do destino. E, portanto, *podemos dizer, do Espiritismo, que não é uma religião e sim a religião; não é uma filosofia e sim a filosofia, não é uma ciência, é a ciência; não é um socialismo sem base racional, é o socialismo que tem por princípio Deus, origem de todos os espíritos mediante seu infinito amor e quer que todos os homens fundem suas relações recíprocas e sua felicidade e perfeição no mesmo amor que com tanta munificência nos dotou.*

Senhores, devo lhes confessar a decepção que sofri ao ouvir o monsenhor D'Andrea fazer elogios entusiastas à pureza de nossos lares e à severa moral que rege em nossas famílias. Ele, como médico de almas, deveria saber auscultar os corações em seus males morais, sobretudo na mulher, que para todos pode ter segredos e mentiras, menos para seu confessor e guia espiritual.

Como esse eloquente orador ignora que a família, base da sociedade, está minada por uma causa muito mais poderosa do que o socialismo materialista, e essa causa é a religião que hoje em dia se pratica? Como não vê que a religião serve de tela para o luxo, o jogo, as vaidades, todos os sensualismos e, no fundo, não é outra coisa que um pacto tácito entre os vícios e paixões mundanas que os instintos sensuais exigem, em troca de umas quantas rezas e cumprimento de fórmulas vãs com que se engana a consciência? E como não se alarma igual a nós e tem o suficiente sangue frio para louvar essas falsas virtudes, não mais que para esquivar as responsabilidades do sacerdócio nesse desastre social, lançando toda a culpa ao socialismo – ao socialismo, senhores, que não teve jamais a seu cargo a direção espiritual e a autoridade moral da família e do qual se pode dizer que a grande aspiração é a de conseguir maior bem-estar para a classe trabalhadora?

Em suas largas horas de meditação, na análise constante dos profundos segredos que encerra o coração da mulher, não notou que esta perde cada dia o sentimento e o gosto por tudo o que é dever, sacrifício, amor materno, a favor do sentimento e o gosto por tudo o que é vaidade, egoísmo, prazer? Não pôde notar que os sentimentos, quando são aparentemente religiosos, tomam o caminho que os leva às satisfações da vaidade e de tudo quanto é fugaz e transitório? Não compreende que as transações que em má hora fez a igreja com o paganismo, e de cujo conúbio surgiu o catolicismo, são a causa dessa decadência ruinosa de nosso estado social? Não lhe ocorre, como cristão sincero, que é necessário voltar ao cristianismo primitivo, quando as Priscilas e as Fabíolas mantinham no lar o confortável calor do fogo sagrado e ali tudo era amor, luz, alegria e pureza?

Eu creio, senhores, que o monsenhor D'Andrea possui todos os prestígios e todas as virtudes para fazer uma obra de verdadeira redenção. O momento é crítico. Revista-se ele da energia do Mestre a quem diz seguir; empunhe com mão firme o látego que Jesus empunhou, em dia memorável, para arrojar do templo os hipócritas que traficavam com a religião[30] e revestiam seus sentimentos depravados com o manto da piedade e da devoção, para dominar o mundo pelo engano e pela mentira.

[30] João 2:14-16; Mateus 21:12-13; Marcos 11:15-17; Lucas 19:45-45. (N. T.)

Siga os gloriosos frades Savonarola e Giordano Bruno, que, em situações tão críticas e deploráveis como esta, souberam arrancar lágrimas de verdadeiro arrependimento a grandes damas dominadas pelo desenfreio das paixões e pelos vícios e que, no entanto, com todo orgulho se proclamavam, enfaticamente, cristãs. Contribua com eles para reconstruir o lar cristão e promova uma reação saudável para a morigeração dos costumes e a educação da infância.

Mas, para realizar essa magna obra que o faria imortal, seria preciso chamar as coisas por seu nome, renunciar a toda adulação. [Adulação esta] que, no momento atual, não é algo nem sensato, nem sequer político, porque, quando a corrupção social toma o aspecto de avalanche que hoje tem, as complacências e reticências são contraproducentes.

Em meu modesto modo de opinar, creio que essa é a atitude que devem tomar os homens que, como o monsenhor D'Andrea, desejam deter a marcha sempre crescente do sensualismo e materialismo que está se sobrepondo aos sentimentos cristãos, que deram, em outro tempo, impulso à nossa civilização.

O caráter de inviolabilidade que o direito de propriedade teve deve sua origem ao paganismo

O cristianismo tende a aboli-lo

Refutação ao sermão do monsenhor Miguel D'Andrea na catedral de Buenos Aires sobre a propriedade e o socialismo

Conferência dada na sociedade "Constancia" por Cosme Mariño, na quarta-feira, 6 de agosto de 1913.

Senhoras e senhores,

Não havia pensado me ocupar mais da propaganda que o eloquente orador monsenhor D'Andrea fez da cátedra sagrada contra o socialismo, pois acreditava que as breves considerações que aduzi em minha última conferência bastariam para deixar comprovado que o socialismo é eminentemente cristão, e não materialista nem ateu como pretendem os socialistas militantes e como crê o monsenhor D'Andrea. Mas seus últimos sermões me obrigam a refutar, uma vez mais, os conceitos que neles verteu como a expressão da verdade.

Não é meu ânimo, senhores, nestas controvérsias, sair à defesa do credo socialista tal como o praticam os militantes desse partido, e sim colocar as coisas em seu verdadeiro ponto de vista.

Já dissemos, no último serão, que é chegada a hora de que as coisas se chamem por seu nome e que todas as hipocrisias desapareçam, seja que elas se amparem na religião, na filosofia, na ciência ou na política. Porque chegou o momento histórico em que todos os ideais do espírito humano se apresentem desnudos desse malsão atavio com que foram disfarçados, para atenuar as imperfeições, fraquezas e impotências, a falta de caráter, numa palavra, que é a condição essencial da geração atual.

Creio sinceramente que, dada a preparação intelectual do homem, é uma traição de lesa-humanidade mantê-lo espiritualmente com as mentiras convencionais – que não discuto o grau de necessidade e de razão que lhes tenha dado existência –, mas que, hoje, já não é possível sua adulação ou sua desculpa. Porque essa atitude não pode ser digna de todo homem que realmente ame a humanidade e que queira vê-la seguir sua marcha sem os tropeços e dificuldades que os sectarismos, os fanatismos e a ignorância lhe opuseram, em toda ocasião em que a verdade, a justiça e o bem se apresentaram sob formas novas, inovadoras e necessariamente requeridas pela lei da evolução, que é a lei suprema, sob cuja égide vai se realizando a perfeição do gênero humano.

Bem conheço, senhores, que, nessa prédica de tantos anos, contra todos os preconceitos de educação e de escola, não contamos com a ajuda das classes conservadoras. Nem com esse jornalismo diário, que crê que seu apostolado se limita a sustentar todas as instituições e os costumes, sejam bons ou maus (que vieram se esvaziando nos moldes estreitos da rotina), e que tudo o que intente alargá-los comete um delito de lesa-civilização. Mas essa obstinada e incompreensível conduta não conseguirá desalentar todos nós, que amamos a verdadeira religião, a verdadeira pátria, o verdadeiro socialismo, o verdadeiro cristianismo, e que combatemos todas as mentiras convencionais que nos apequenam e nos detêm a meio do caminho.

O mundo é sensual, é ateu, é materialista, porque é o reflexo das ideias dominantes nos costumes e nas crenças. Dever nosso é, pois, fazer-lhe ver que a religião e a ciência, bem interpretadas, não podem dar esses resultados desastrosos que fazem infeliz e infortunada a espécie humana, no meio de todos os seus gozos a que se entrega e dos ideais estreitos em que encerra todos os seus esforços e sacrifícios.

Mas, apressemo-nos a pôr ponto final a estas considerações para entrar plenamente no tema que nos propusemos dilucidar. Em sua primeira conferência, o monsenhor D'Andrea rejeitou em absoluto o socialismo como contrário ao cristianismo e citou, em seu apoio, a encíclica de *Rerum novarum* do Papa Leão XIII.

Nós negamos que, na dita encíclica, esse genial político religioso houvesse combatido o socialismo, senão que, pelo contrário, lançou as bases de um socialismo democrático-cristão. Como demonstração dessa asserção, citamos o cônego Murri, redator de um jornal católico que, auspiciado pela encíclica de Leão XIII, tratou de pô-la em prática, apoiado decididamente por um dos cardeais e pelo sábio exegeta francês Loisy que viram, na nova orientação que dava à igreja o papa mencionado, a salvação do catolicismo.

Sob o nome de democracia cristã, fundaram-se centros católicos, combatendo pela redenção do trabalhador por meio da fé e das ideias de justiça que se propagavam, contrapesando assim o socialismo ateu e materialista que seguia com êxito retirando à religião os elementos populares.

Enquanto viveu Leão XIII, esse socialismo cristão seguiu em aumento, mas, assim que desapareceu do plano terrestre, o novo papa, instrumento dócil dos jesuítas, destruiu toda a obra do grande papa e perseguiu todos os que propagavam as novas ideias, dando como resultado que uns abandonaram os hábitos e outros se submeteram incondicionalmente.

Resulta, pois, que não é certa a afirmação do orador sagrado, de que ele, em sua conferência, queria seguir, ao falar do socialismo, o exemplo de Leão XIII, que, com sua lucidez característica, dilucidou o mesmo tema da mais alta cátedra. Não. Quem o monsenhor D'Andrea seguiu foi o papa Pio X, que segue a inspiração dos jesuítas, os quais, não tendo podido fazer pressão sobre o papa anterior, puseram toda a sua influência para que subisse ao trono de São Pedro um "sarto[31]", como o dizia a crônica daquele tempo.

A tendência do monsenhor D'Andrea nessa conferência foi fazer uma propaganda sectária. Havia que lançar a alguém a culpa do estado de degradação a que chegou a sociedade, e nada mais oportuno do que carregar com o sambenito o socialismo materialista, como promotor único da dissolução do lar, da família, da pátria, da propriedade, da religião, de tudo quanto é caro ao homem e lhe serve de guia na vida, para desviar a atenção dos homens pensadores que vêm atribuindo esse estado de dissolução social não só ao materialismo, mas também à religião e aos costumes sociais, que, com suas doutrinas anticristãs e sensuais, seguem cavando o abismo onde estão se precipitando todos os grandes e puros ideais de nossa civilização.

Devemos, pois, insistir, como já dissemos, para que cada instituição, seita, religião ou filosofia, que conduz os homens por diferentes caminhos, arque com a responsabilidade que lhe incumbe nesse desastre. E para, ao mesmo tempo, assinalar a nova luz que se levanta no horizonte, sob o nome de Espiritismo, para que sirva de orientação e de guia aos náufragos de todas as crenças, aos que buscam mais luz, mais razão, mais lógica na resolução dos problemas que se relacionam com o passado, o presente e o porvir do homem.

O monsenhor D'Andrea, em sua segunda conferência, seguindo seu propósito de desacreditar o conceito socialista, disse que este se propunha a atacar a propriedade, a qual era

[31] It.: "alfaiate". (N. T.)

inviolável e o resultado natural e justo do trabalho do homem.

Aqui, como em tudo, o orador se apartou do cristianismo em absoluto, como vamos demonstrar.

Todos os temas que com eloquência dilucidou na Catedral, no sentido que o fez, são contrários ao verdadeiro cristianismo.

O cristianismo não é contrário ao socialismo, como já o demonstramos em nossa anterior conferência. Das páginas de seu evangelho, não se deduz que este seja o baluarte que defenda a propriedade como inviolável; mas, sim, o princípio de uma evolução segundo a qual, com o passar do tempo e a prática de sua sublime doutrina, o selo de inviolabilidade que o direito de propriedade teve irá se esfumando gradualmente, até que desapareça de todo.

Porque, não esqueçamos, senhores, que o cristianismo vai muito mais longe ainda que o socialismo: tende invariavelmente para o comunismo, que é a sanção da igualdade entre os homens. E, se, por agora, o comunismo permanece ainda como uma utopia irrealizável, é porque há que se dar tempo à evolução moral que segue se operando na consciência humana; há, primeiro, que se chegar ao socialismo, e, quando esse sistema social estiver definitivamente arraigado nos povos, então aparecerá o comunismo e se constituirá como o fim último e a consagração da grande doutrina cristã, que nos serviu, aos ocidentais, de ponto de partida dessa grande evolução.

O monsenhor D'Andrea igualmente se apartou do cristianismo ao defender o conceito de pátria, como um sentimento irredutível e o mais elevado da espécie humana. Quando nos ocupamos desse tema, temos de demonstrar que uma das tantas grandezas do cristianismo que maiores benefícios deu à humanidade é sua tendência clara, evidente, de chegar algum dia a forçar todas as barreiras que dividem a espécie humana, como contrárias ao amor e às próprias conveniências dos homens.

Entretanto, restrinjamo-nos, nesta noite, a demonstrar que as limitações ao direito de propriedade, que o socialismo persegue, têm sua origem no evangelho cristão.

Nos tempos anteriores à nossa era, a propriedade era inviolável, porque se concedia aos heróis e defensores da pátria e aos que, com seu sangue e sacrifício, alargavam os domínios dos povos conquistadores. Sabe-se, senhores, que a virtude excelsa das nações pagãs era a que se conquistava por meio das armas, e, portanto, os governos tinham que garantir a efetividade dos prêmios que discerniam os servidores da pátria, porque as nações se engrandeciam e se faziam poderosas por esse meio único.

O povo não existia na acepção lata com que hoje se o reconhece. Era composto de escravos, libertos e clientes, que dependiam exclusivamente dos patrícios. Estes os sustentavam, mas, em troca, serviam-se deles para lavrar suas propriedades, e, quando era necessário ir à guerra, entre eles formavam suas centúrias e suas legiões. O patrício recebia em propriedade as terras e o domínio que ele tinha contribuído para conquistar; ele não tinha outra obrigação moral que sustentar apenas aqueles que, tendo-o ajudado nessas conquistas, não tinham direito à terra que eles cultivavam e contribuíam para a formação da riqueza de seus amos.

Então a propriedade era tão inviolável que o patrício tinha direito de vida e morte sobre aquele que, imprudente ou sem ordem expressa, profanava o feudo do patrício com o objeto de se dedicar à caça ou com qualquer outro pretexto mais ou menos inócuo.

Como se deduz do exposto, naquelas remotas épocas, o direito de propriedade não se alicerçava no trabalho. O proprietário vivia do trabalho dos que dele dependiam, e estes tinham, a esse preço, direito à vida e nada mais que à vida.

Segundo a lei romana, definia-se assim o direito de propriedade: *plena in re potestas* – poder absoluto sobre uma coisa –, porém, mais tarde, esse direito absoluto começou a sofrer algumas restrições. Segundo a Lei das Doze Tábuas (ano 303 da fundação de Roma), os direitos do testador eram ilimitados.

Mais tarde, a jurisprudência começou a se estabelecer sob uma lenta evolução restritiva, sendo das mais importantes a chamada *bonorum possessio contra tabulas*[32]. A segunda limitação foi a ação denominada "querela in officiosi testamenti[33]", que deu nascimento à legítima[34]. O mesmo podemos dizer das doações inter vivos e dos legados, entre os romanos, que, em seu princípio, tinham uma extensão em harmonia com a ampla faculdade de usar, gozar e abusar dos bens próprios.

Vindo agora às Leis de Partida, calcadas no direito romano e que foram a principal fonte de nossa legislação até a sanção do Código Civil – por essas leis, o testador, tendo filhos legítimos, dispunha de um terço e um quinto de seus bens. Esse direito se limita, em nosso Código, a um quinto somente.

[32] No direito romano, "posse de bens contra o testamento". Segundo o dicionário jurídico *LegalLingo*, era uma ordem que autorizava o requerente a tomar posse de uma propriedade contrariamente à vontade manifesta em testamento. Os magistrados deram tais ordens de posse em certos casos, como quando um testador passou por cima de uma filha ou filho emancipado; nesse caso, o testamento era invalidado. Constituía, portanto, uma restrição ao direito de propriedade – que, então, não era mais absoluto –, visto que a ordem do magistrado se sobrepunha ao poder de decisão do proprietário, manifesta por testamento, acerca de quem herdaria sua propriedade. (N. T.)

[33] No direito romano, "reclamação de um testamento indevido". Segundo o mesmo dicionário jurídico, essa ação permitia que parentes próximos com reivindicações óbvias (filhos, pais, irmãos etc.) pudessem atacar o testamento que não os contemplava como contrário ao dever natural (*in officiosum*) e fazer com que ele fosse anulado. (N. T.)

[34] No Direito, a "legítima" é a parte da herança da qual o testador não pode dispor livremente, por ter sido designada pela lei a determinados herdeiros. Reduções como essas, em variados graus, do poder do proprietário também ocorrem nos exemplos seguintes do autor. (N. T.)

Nossa *Carta Fundamental* declara, em seu artigo 17, que a propriedade é inviolável, mas podemos dizer, sem temor de ser desmentidos, que esse princípio constitucional tem sido violado tanto por leis posteriores quanto por toda classe de rescritos e ordenanças municipais. Porque é preciso compreender, senhores, que a inviolabilidade da propriedade não quer dizer só que ela não pode se desmembrar em nenhum caso, mas também que é sagrada, isto é, que cada proprietário é dono absoluto de fazer tudo quanto queira dentro de seus domínios e que não pode haver autoridade ou lei que o impeça.

Tudo isso, pois, foi desaparecendo, e assim seguirá mais, à medida que o sentimento de solidariedade da espécie humana se faça mais intenso; mas o que não desapareceu ainda é o artigo 17 da Constituição Nacional, que se tornou inofensivo por força de ser contrário à marcha da civilização.

Já, por nosso Código e por todos os códigos mais adiantados, ninguém pode fazer doações que passem de um quinto de seus bens, e leis recentes taxaram a herança em até mais de 10 por cento, segundo os casos. Pela Constituição, o Estado pode se apoderar das propriedades particulares; é certo que mediante prévia indenização, mas ninguém pode desconhecer que essa lei fere o caráter de inviolabilidade da propriedade, desde que o Estado pode despojá-lo dela, ainda que seja a título oneroso.

Por outra parte, a propriedade deixou de ser uma coisa sagrada. Desapareceu o direito das comunidades religiosas e de certas instituições de subtrair, até do rigor da lei, os criminosos que adentravam seus limites. E hoje, até por simples ordenanças municipais, o funcionário público pode violar esse direito, penetrando nas propriedades particulares e até nos conventos para praticar inspeções higiênicas.

Vê-se, pois, que o caráter inviolável e sagrado da propriedade diminuiu, à medida que o sentimento de solidariedade humana e de seguridade social se intensificou nos povos que marcham impulsionados pela civilização cristã.

O socialismo não é unicamente o causador dessa evolução; antes que o socialismo, a filosofia humanitária que provém do cristianismo consignou essas tendências em leis consecutivas e tendentes a estabelecer um justo equilíbrio entre o capital e o trabalho. O socialismo não faz hoje senão cuidar de precipitar essa evolução, de uma maneira mais rápida, em virtude de que a vida moderna se complicou e encareceu por causa das necessidades materiais e morais dos trabalhadores.

Afirmamos, senhores, que é o cristianismo a ideia mãe de onde se engendrou a evolução depressiva do direito à propriedade. Devemos, pois, fundar essa afirmação para que se veja que o monsenhor D'Andrea, como dissemos, uma vez mais combateu o cristianismo em seu caráter de católico, apostólico, romano, ao assegurar que as causas imediatas do não reconhecimento do selo inviolável que a propriedade tinha são as ideias materialistas e anticristãs que o socialismo sustenta.

Para fazer essa demonstração, temos necessidade de ir à fonte do cristianismo, que é o evangelho. Desse livro de sabedoria inesgotável, extrairemos seu espírito, que é onde radica não só sua grandeza como também sua imortalidade. E digo imortalidade, senhores, porque o evangelho é mina inesgotável de onde sempre se seguirão extraindo tesouros espirituais, sempre que a explorem engenheiros hábeis e que não os guie outro interesse que o de falar a verdade.

Jesus, senhores, não podia propiciar nenhuma ideia que conduzisse ao açambarcamento dos bens terrenais. Porque ninguém que tenha lido algo do evangelho ou ouvido falar do espírito da doutrina que ele encerra desconhecerá que a síntese de sua prédica era esta: "Que o mundo apartasse um pouco seus olhos dos bens da Terra, nos quais punha todos os seus sentidos e toda a sua alma, a fim de elevá-los para a aquisição de outros bens que são os que realmente se podem adquirir *in eternum*", com o selo indelével do que é sagrado e inviolável. Jesus, por outra parte, na prática, era comunista, como o revelam todas as circunstâncias de sua vida; ele e seus discípulos tinham uma bolsa comum e, dessa bolsa, todos tiravam o alimento por igual[35]. Se bem ele não pregou o comunismo, deixou a semente para que, com o passar dos séculos, frutificasse: o importante pelo momento era preparar a terra inculta por meio de um socialismo cuja origem devia provir do amor divino e se consolidar mediante a fraternidade e o amor de todos os homens sem exceção.

Bem conhecida é a parábola, aquela que conclui com estas desalentadoras palavras: "Mais fácil é um cabo passar pelo buraco de uma agulha do que um rico se salvar[36]". Como se vê, essa é uma figura terrível e, se houvesse de ser tomada ao pé da letra, seria contraditória com toda a sua doutrina de amor e de perdão e com sua promessa de que, no fim, todos os homens seriam salvos. Ela tinha por objeto impressionar as multidões e lhes fazer ver o difícil que é adquirir a perfeição e a verdadeira felicidade, quando o egoísmo e a avareza cegam todas as fontes do sentimento altruísta do amor e da caridade.

Jesus, na parábola do homem rico e do mendigo Lázaro[37], na dos talentos[38] e em tantas outras passagens de sua doutrina que seria largo enumerar, faz ver quão difícil é seguir

[35] João 12:6, 13:29. (N. T.)

[36] Mateus 19:24; Marcos 10:25; Lucas 18:25. Por um tempo, defendeu-se que a palavra no idioma antigo para "camelo" também significava "cabo, corda grossa". Kardec ainda recebeu essa informação, no que o seguiu aqui Mariño. Mais tarde, porém, estabeleceu-se que o significado próprio do termo era mesmo "camelo", como o confirma, por exemplo, J. Herculano Pires, no seu livro *O Reino*, cap. 2, nos anos 1960. (N. T.)

[37] Lucas 16:19-31. (N. T.)

[38] Mateus 25:14-30. (N. T.)

o caminho da perfeição, quando se usa da fortuna como uma graça recebida ou como se realmente aquele que a possui se cresse dono absoluto dela e não um mero administrador. Ele disse que os bens da Terra não são propriedade de ninguém, e sim meios de adquirir desenvolvimento intelectual e moral, administrando esses bens de maneira que sirvam para o adiantamento do espírito.

Os bens materiais não se levam à vida que aguarda depois desta; só se levam os tesouros espirituais que se acumularam[39]. A riqueza, pois, é um grande meio de felicidade, mas em si mesma não é a felicidade, e mal administrada é uma fonte de grandes infortúnios, porque, se se lhe dedica somente para desenvolver paixões, vícios e egoísmos, malogra-se uma vida que teve todo o necessário para realizar um grande progresso espiritual e só conseguiu se recarregar de dívidas para o porvir.

Por isso, pois, Jesus, vendo o atraso, a avareza e o egoísmo dos ricos de seu tempo e o sentimento arraigado que possuíam de que seus bens materiais eram uma propriedade inviolável, falou-lhes nos termos que vimos.

Na parábola do jovem que perguntou a Jesus qual era o meio de conseguir a vida eterna, ao que Jesus lhe respondeu: "vende quanto tens, dá-o aos pobres e segue-me"[40], não entendeu assentar um princípio absoluto de que cada um deve se despojar do que possui e que a salvação só se alcança a esse preço, e sim, dá a entender que o apego aos bens é um obstáculo para a salvação da humanidade.

Vê-se, pois, que essa apologia do direito inviolável da propriedade que fez o orador sagrado poderá se fundar em princípios católicos, mas de nenhum modo nos princípios cristãos. E tanto menos direito teve para desacreditar o socialismo quan-

[39] Mateus 6:19-20, 19:21; Lucas 12:33. (N. T.)
[40] Mateus 19:16-22; Marcos 10:17-22; Lucas 18:18-23. (N. T.)

to, nesse mesmo caso, o socialismo não faz outra coisa que propaganda cristã, por mais que a maioria de seus adeptos se chame de materialistas e ateus.

Mas, senhores, uma coisa é o catolicismo e outra coisa, o cristianismo. O Espiritismo se preza de seguir o verdadeiro cristianismo dos primeiros séculos da Igreja e é por isso que não pode admitir sem protestar que em nome dele se proclamem princípios políticos, civis e religiosos que o cristianismo desconhece.

O Espiritismo, do ponto de vista religioso, não tem outro ideal que o de Jesus e, por isso, sua doutrina sobre a propriedade se condensa nos seguintes termos: "O homem não possui em propriedade senão o que se pode levar deste mundo. O que encontra quando chega e o que deixa quando se vai, goza durante sua permanência; mas, posto que está obrigado a abandoná-lo, só tem o usufruto e não a posse real. O que é, então, que possui? Nada do que pode ser de uso para o corpo; tudo o que é para uso da alma: a inteligência, os conhecimentos, as qualidades morais; isso é o que traz e o que leva: o que nenhuma pessoa pode lhe tirar e o que lhe servirá no outro mundo mais ainda do que neste. Dele depende ser mais rico quando se vai do que quando chega, porque, do que tenha adquirido em bem e em conhecimentos, depende sua posição futura.

Quando um homem vai negociar em um país distante, arruma sua pacotilha com os objetos que têm saída no país aonde se dirige, mas não se carrega com aqueles que lhe seriam inúteis. Ao viajante que chega a uma pousada é dada uma boa habitação, se pode pagá-la; ao que tem pouco é dada uma menos cômoda, e o que nada tem dorme na palha.

Isso sucede ao homem quando chega ao mundo dos espíritos. Sua habitação está subordinada aos seus haveres, mas não se paga com o ouro. Ninguém lhe perguntará: 'Quanto tinhas na Terra? Que posto ocupavas? Eras príncipe ou artesão?' Mas se lhe perguntará: 'Com o que voltas?' Não se lhe pedirá contas do valor de seus bens nem de seus títulos, e sim do número de suas virtudes. E, assim, sucede muitas vezes que, no mundo espiritual, o artesão sói ser mais rico que o príncipe. Em vão alegará que, antes de sua partida da Terra, pagou sua entrada com ouro, pois se lhe dirá: 'Aqui, não se compram os postos, ganham-se com o bem que se fez'.

Com a moeda corrente, podeis ter comprado campos, casas, palácios; aqui, paga-se tudo com as qualidades do coração, com as virtudes que esses bens terrestres puderam servir de meio eficaz para adquirir. Sois ricos dessas qualidades? Sede, então, bem vindos e podeis ocupar a mais alta posição, onde vos esperam todas as felicidades. Sois pobres? Ide, então, à última, na qual sereis tratados na razão de vossos haveres." [41]

Isso é, senhores, em síntese, o que ensina o cristianismo e essa é a interpretação fiel que lhe dá o Espiritismo aos bens materiais que se acumulam na Terra.

Agora, pergunto: Como é possível conciliar essa doutrina com a sustentada pelo monsenhor D'Andrea sobre a inviolabilidade da propriedade? Como pode se basear no cristianismo para defender esse conceito econômico, quando é precisamente o sentimento de amor e de solidariedade que emerge do cristianismo que vem tirando dos bens que se acumulam na Terra esse selo inviolável, que só puderam ter sob o império do paganismo? Como é possível desconhecer que essas ideias novas são impulsionadas pelo princípio cristão do parentesco espiritual de toda a humanidade?

Como é sabido, senhores, o cristianismo criou sua filoso-

[41] Toda a passagem entre aspas é tirada, com pequenas diferenças de tradução, de Allan Kardec, *O Evangelho segundo o Espiritismo*, cap. XVI, nº 9. (N. T.)

fia própria, que o esclarece e justifica. Para cada princípio cristão surgiu uma explicação razoável e lógica. Vejamos, então, o que é que nos diz essa filosofia emergida da doutrina de Jesus e que hoje o Espiritismo interpreta, explica e alarga, baseado no progresso do senso intelectual e moral que a humanidade conquistou em seus vinte séculos de cristianismo.

Detenhamo-nos um momento sobre esta proposição. Porque, bem explicada, ao mesmo tempo em que robustecerá nossa tese, nos dará a convicção de que a propriedade dos bens terrestres não teve jamais esse selo de estabilidade e de inviolabilidade que lhe atribui o orador sagrado, porque o que não forma a riqueza permanente do espírito, e o que se encontra ao nascer e se deixa ao morrer, não podem jamais ser uma propriedade.

A posse das coisas materiais, que se adquirem na Terra, só se conserva a título de usufrutuário e o direito que se tem sobre elas está limitado ao de um administrador.

Essas considerações não se devem tomar num sentido absoluto, pois, como veremos mais adiante, é justo que o administrador que aumentou a fazenda com seu trabalho e sua inteligência seja, pelo menos, o que mais proveito tire de seus esforços, mas isso não quer dizer que se atribua um domínio absoluto e irrevogável. Porque, além das razões expostas, diremos que não existe nenhum homem que, por mais que tenha trabalhado, possa ter adquirido sua fortuna sem a ajuda social.

Vimos, senhores, que, apesar do protesto de inviolabilidade da propriedade consagrada na legislação romana do século quarto antes de Jesus Cristo, ela veio gradualmente diminuindo desde que se propagou o cristianismo; sofreu as restrições que os povos creram judiciosamente estabelecer, até chegar à nossa era, em que, apesar de estar consignada sua inviolabilidade na Constituição, é um dos direitos invioláveis menos inviolável.

Ao contrário, à medida que as doutrinas do evangelho sobre o amor e a fraternidade cercearam aquele direito, surgiram outros direitos que, hoje, se já não são invioláveis numa forma absoluta, o são pela prescrição das leis e consagração dos costumes. Exemplos: a liberdade de consciência, de pensamento e o respeito consagrado a todas as ideias e sentimentos sinceros, ainda que não comunguemos com eles.

Esses direitos morais estão chamados a adquirir, à medida que o espírito do evangelho penetre mais nas consciências, um caráter de inviolabilidade e de absoluto respeito. E já podemos estar satisfeitos de ter conseguido, pelo menos, que se consignem tais atributos nas Cartas Fundamentais dos povos mais livres da Terra.

Isso nos prova, uma vez mais, senhores, que o caráter de domínio absoluto e inviolável da propriedade pôde prosperar tão só em épocas em que o egoísmo, a ignorância e a carência das verdadeiras noções sobre o conceito de justiça prevaleceram nos povos. E que, à medida que a civilização cristã avançou, esse direito foi, em parte, sacrificado para ir afirmando outros conceitos que enriqueçam verdadeiramente o homem e que, uma vez conquistados, ninguém poderá arrebatar.

O homem, ao nascer dentro da sociedade que o reclama, não traz senão aptidões que necessitam desenvolvimento e uma vida que há que vigorizar dia a dia e momento a momento. Quem é que sustenta essa vida e proporciona os meios para o desenvolvimento dessas faculdades? Os pais, responder-se-á. Mas, quem dá aos pais os recursos? Seu trabalho? Porém, o trabalho por si só e sem aplicação não tem nenhum valor, nem, portanto, produz nenhuma utilidade.

Houve, pois, necessidade de aplicá-lo a um elemento qualquer e, esse elemento, o homem o encontrou na sociedade, na natureza. A natureza é a nutriz comum de todos os seres, é a fonte da riqueza e é ali onde encontrou a matéria prima indispensável, sem a qual não haveria propriedade.

O homem isolado, sem nenhum vínculo nem relação social, nada é e nada significa. Considerado nesse estado, não existiriam os valores, nem a utilidade, nem a propriedade. Logo, a propriedade, suas utilidades, suas satisfações, devem-se em parte à sociedade a que está vinculado. Nesse sentido, ela é tudo. E, se isso é assim, como a coletividade social havia de carecer de certas prerrogativas e direitos sobre o direito do homem, quando é a ela que ele o deve?

Ademais, o homem não pode levar seus direitos dos bens adquiridos durante a vida mais além de sua existência, porque não pode estabelecer vinculações à perpetuidade sobre coisas que encontrou ao vir a ela e que só melhorou ou modificou com seu trabalho. Logo, pois, de nenhum ponto de vista que se o considere, o direito de propriedade representa a aquisição definitiva e irrevogável de uma utilidade real e efetiva, senão transitória. A utilidade real, efetiva e ponderável se adquire sobre os bens morais, e os materiais podem, tão só, ser meios de aquisição daqueles.

O homem pode ter domínio sobre os bens materiais, para lhes fazer servir ao cumprimento do plano de vida que se propõe desenvolver, mas tenha bem entendido que a vida que se lhe deu não tem por objeto primordial a satisfação de paixões, vícios e vaidades, e sim, pelo contrário, ir extinguindo-os gradualmente.

O objeto da vida é grave, como dizia o imortal poeta Longfellow: "E ser pó e em pó converter-se não é da alma o sublime ministério[42]". O objeto da vida, como Jesus o ensinou nas parábolas que citamos antes, é fazer servirem todos os bens da Terra em proveito exclusivo do espírito, para enriquecê-lo com sentimentos elevados, com ações nas quais se revelem

[42] Henry Wadsworth Longfellow (1807-1882), no poema *Um salmo de vida*. (N. T.)

virtudes, com abnegações que tendam ao desgaste de todas as imperfeições, para cujo fim Deus lhe concede esta existência e quantas lhe sejam necessárias para conquistar sua perfeição e sua felicidade.

Por meio dos bens materiais, o homem pode alargar sua inteligência; fazer ao seu redor todo o bem possível; sujeitar-se às provas da abstinência das paixões, da temperança dos vícios, quando tem à mão os meios de satisfazê-los; e, enfim, pode conquistar uma infinidade de bens morais, haurindo em sua existência todo o maior proveito possível.

Como se vê, pois, os bens materiais, mais que uma aquisição certa, são meios de aquisição. Não se adquire de um modo absoluto o que necessariamente tem que se perder. Os bens materiais são um empréstimo durante a vida, que a sociedade faz ao homem que soube aplicar seus conhecimentos e desenvolver suas energias sobre os dons da natureza que encontrou ao nascer. Assim que morre, esse empréstimo caduca e seu importe deve voltar à massa social para estabelecer o equilíbrio econômico perturbado às vezes pela sorte, pela prepotência do capital sobre o trabalho ou pela demasiada exuberância do labor individual.

Essas são as considerações filosóficas que se deduzem dos princípios que informam nossa civilização cristã. Não é, pois, o socialismo que faz guerra de morte à propriedade; é o cristianismo, com seus princípios do amor e da filiação espiritual que une todos os homens, que vem desvirtuando esse direito. E, se os socialistas perseguem esse ideal, podemos assegurar que não fazem outra coisa que alçar triunfante o cristianismo, por mais que se declarem materialistas.

Se o cristianismo sustentasse o princípio absoluto e inviolável da propriedade dos bens terrenais, não seria consequente com sua doutrina, faria a guerra a si mesmo; porque só por esse meio conseguirá que se realize seu grande ideal de ver todos os homens unidos fraternalmente, e confundindo seus sentimentos e seus ideais para a fonte imanente de onde todos surgiram.

Senhores, as sociedades cuja civilização proveio do cristianismo não se penetraram ainda do verdadeiro caráter e tendência que este encerra. O cristianismo, tão singelo e concreto em sua forma e fundo, é, no entanto, uma árvore cujas raízes jamais deixaram de se estender, e seus imensos ramos terão sempre espaço para se estender indefinidamente.

O cristianismo, senhores, não é um conjunto de ritos e de fórmulas mais ou menos vãs; é uma verdade praticável e, à medida que nos colocamos sob sua sombra, ele nos serve de norte e de apoio para melhorar nossos costumes e reformar nossos códigos.

Toda religião que se apoie nela e não dê esses resultados, por mais que orgulhosamente se declare cristã, cai sob o peso daquela sentença de seu fundador: "Árvore que meu Pai não semeou, arrancada será desde a raiz[43]". E, para conhecer, senhores, se a árvore é de procedência divina, temos esta outra sentença do mesmo Jesus: "Pelo fruto conhecereis se a árvore[44] é semeada por Deus ou pelo egoísmo, soberba e ambições dos homens".

Toda religião, pois, que não tem autoridade moral suficiente para evitar o desarranjo do lar; toda religião que contemporiza com o jogo, com o luxo, com todas as vaidades e que adula a mulher; que mantém os costumes e leis pagãos sobre a inviolabilidade da propriedade, em vez de sustentar e pregar a inviolabilidade da consciência e enaltecer o sentimento altruísta da fraternidade de todos os homens sem exceção, sejam quais forem suas opiniões, é uma religião que está

[43] Mateus 15:13. (N. T.)
[44] Mateus 12:33; Lucas 6:44. (N. T.)

já minada desde sua base, é uma árvore que o Pai de Jesus não semeou e que, portanto, não prevalecerá.

A limitação ao direito de propriedade que o socialismo pede é um reclamo justo, à parte o vínculo sagrado de parentesco espiritual que une todos os homens. E já as legislações dos povos cristãos, antes que o socialismo, haviam iniciado uma série de restrições, como dissemos.

E as restrições seguirão aumentando à medida que as necessidades materiais e espirituais cresçam, para restabelecer o equilíbrio entre o capital e o trabalho, perturbado constantemente pelo açambarcamento da fortuna em poucas mãos.

Não devemos esquecer, senhores, este princípio que se desprende da filosofia do cristianismo: um homem, o mais inteligente e trabalhador, jamais pode considerar que adquiriu só por seus esforços os bens que possui.

A sociedade, sob variadas formas, contribuiu para a formação dessa fortuna. A sociedade é sócia em comandita natural de todo esforço ou trabalho humano.

Logo, pois, quando essa associação se liquida pela morte do homem, a sociedade é dona da parte com que contribuiu para enriquecê-lo. Entre os norte-americanos, que, nesse ponto, seguem mais de perto na prática essa filosofia cristã, os homens mais ricos são considerados como homens públicos, que não se pertencem, apesar de suas copiosas fortunas; eles se consideram como administradores e usufrutuários, durante a vida, dos bens que acumularam e, por isso, quando se retiram dos negócios, começam a saldar suas contas com a sociedade e repartem a parte que esta introduziu, em forma de doações para escolas, bibliotecas, universidades, hospícios etc.[45]

[45] Na época, talvez isso ocorresse aí mais do que noutras regiões da América e da Europa, a depender das fontes consultadas; porém, geralmente se restringia a casos isolados (e ainda hoje) de filantropia, não correspondendo com o modo geral de pensar da população nem com valores estruturantes da sociedade. As comunidades religiosas americanas, por sua vez, podiam nutrir, numa maior medida, esse sentimento em seu meio. Entretanto, com avançar do século XX, os Es-

Não necessito citar nomes: baste recordar que uma estatística do ano 1906 revelava que os homens ricos dessa nação tinham feito doações por valor de quatrocentos milhões de dólares. E, ainda quando houvéssemos de considerar que o homem que realizou uma grande fortuna em sua vida a deve exclusivamente ao seu trabalho, fica em pé o princípio cristão que informa nossa civilização: "Amai-vos uns aos outros, porque todos sois irmãos e filhos de um mesmo Pai[46]". Essa origem espiritual de todos os homens e as razões de justiça que assinalamos vêm se esclarecendo, ao amparo dos sentimentos cristãos, nas constituições, código e costumes dos povos civilizados.

Vê-se, pois, que, entre o socialismo inglês e o que nós produzimos, não há quase diferença: o inglês o faz partir de Deus e nós o fazemos partir de Jesus Cristo.

Por último, senhores, e para confirmar mais nossa tese de que o direito de propriedade aos bens materiais veio diminuindo por causa das ideias e sentimentos cristãos, recordaremos ainda outras passagens do evangelho que nos dão muita luz sobre esse assunto. Disse Jesus: "Não só o homem é responsável pelo mal que faz, como também pelo bem que tenha deixado de fazer podendo tê-lo feito[47]". E agrega ainda: "Àquele a quem mais se tenha dado, maior soma se haverá de exigir[48]".

Agora, como o monsenhor D'Andrea pôde desconhecer esses ensinamentos? Como não vê que eles são os que impulsionam a marcha do mundo do ocidente para a realização

---

tados Unidos se tornaram epicentro e difusor do estilo de vida individualista, das doutrinas econômicas neoliberais (de redução do apoio ao trabalhador e máxima preponderância do capital) e do imperialismo financeiro, industrial e cultural; distanciando-se cada vez mais, desde então, de incorporar como costume ou regra esses exemplos de atitudes abnegadas descritos pelo autor. (N. T.)

[46] João 13:34-35, 15:12,17; Mateus 23:8-9. (N. T.)

[47] É a forma que o Espiritismo deu ao ensinamento, cujo fundo se encontra, por exemplo, em Lucas 13:24-27, 12:47; também Tiago 4:17. (N. T.)

[48] Lucas 12:48. (N. T.)

da ideia mãe que o informa: o amor fraternal de todos os homens?

Explicar-me-ia essa atitude, se ele desconhecesse a influência decisiva do cristianismo sobre nossa civilização. Mas, reconhecendo sua eficiência, só me explico sua ofuscação pelas ideias pagãs que minaram seu sentimento, porque, como já disse, considera o catolicismo como uma transação e *modus vivendi* entre o cristianismo e o paganismo. Só assim se explica que ele defenda a inviolabilidade da propriedade; o sentimento da pátria pequena, ao qual Jesus veio imprimir um selo mais grandioso e uma tendência sem limites, contra as ideias mesquinhas e anárquicas que dividiram os homens.

O protestantismo tem sido muito mais feliz do que o catolicismo de Pio X. E digo de Pio X, porque, como dissemos em nossa anterior conferência, o catolicismo de Leão XIII hauriu seu socialismo cristão no evangelho, e o catolicismo de Pio X o condenou e obrigou a deixarem a sotaina seus mais conspícuos defensores.

O socialismo do povo inglês não é o socialismo de Bebel e Marx na Alemanha, nem é o de Lafargue e Jaurès[49] na França, nem o de Ferri na Itália; o socialismo inglês é espiritualista e cristão. Seu grande apóstolo é John Trevor, que, sob o nome de "igrejas do trabalho", segue instalando muitíssimos centros.

"A União das Igrejas do Trabalho", fundada por Trevor, sustenta estes princípios:

1º – O movimento operário deve se fundar no movimento religioso;

2º – A religião do movimento operário une todas as classes pela abolição da escravidão do salário;

[49] Léon Denis classifica J. Jaurès entre os socialistas espiritualistas e nos mostra suas ideias em dois artigos na *Revista Espírita* de 1924, intitulados *Jaurès espiritualista*, publicados no final da edição de *Socialismo e Espiritismo*, pela Editora do Conhecimento. (N. T.)

3° – A religião do movimento operário não constitui seitas nem tem dogmas, é uma religião livre, que deixa a cada um o direito de desenvolver suas faculdades segundo suas forças;

4º – A emancipação do trabalho não pode se realizar senão com a condição de conhecer e cumprir as leis morais e econômicas ditadas por Deus;

5º – O desenvolvimento moral do caráter e o melhoramento das condições sociais são igualmente necessários para libertar o homem da servidão social."

Os socialistas que se declaram ateus e materialistas fazem assim mesmo obra cristã ao trabalhar pela melhoria material das classes humildes. Não se deve jamais julgar os homens por suas crenças, mas por suas ações, posto que, como disse São Paulo, o cristianismo é milícia ativa[50]; e o cristianismo é conhecido por suas obras[51]. Se temos fé em que nosso credo é a expressão da verdade, tenhamos também essa mesma fé em que os que o desconhecem e o negam hão de proclamá-lo quando lhes chegue a hora de ver claro e de dissipar as névoas que hoje rodeiam seus espíritos.

Em lugar, pois, de rechaçá-los porque não tiveram ainda a sorte de achar um homem que os convença de seu erro de conceito, atraiamo-los com afetuosa confiança, considerando que, acima das teorias e das crenças individuais, existe um estreito laço que nos une e esse laço é a ação altruísta, é o sentimento cristão que os impulsiona à ação; e que, nesse terreno prático, não podemos dizer, sem uma censurável jactância, que toda a razão esteja de nossa parte.

Jesus demonstrou essa asserção com a eloquência singela de suas parábolas. Na que vamos citar, poder-se-á compreender que Jesus, para julgar se um homem era bom e ca-

[50] 2 Coríntios 10:4; 1 Timóteo 1:18, 6:12; Efésios 6:11-17. (N. T.)
[51] Mateus 7:20-21; João 13:35; 1 João 3:18-19. (N. T.)

ritativo, prescindia de seus títulos, de sua religião ostensiva, de se acreditava ou não acreditava, e ia direto a esquadrinhar o coração, a fazer-lhe falar com a eloquência que só os feitos põem a manifesto.

Aqui, na parábola que se vai ver, Jesus põe em jogo três homens muito distintos por suas posições e crenças. O primeiro é um sacerdote da religião judaica, consagrado, por seu ministério, ao ensino das altas verdades morais; o segundo, um doutor da lei, que tem por profissão desentranhar o espírito dela; e o terceiro, um samaritano, quer dizer, um herege, um cismático, a quem os judeus odiavam cordialmente.

Vejamos agora como se desenvolve a parábola[52] entre esses três personagens. Aconteceu, diz o evangelho, que um homem havia sido roubado e deixado por morto no meio do caminho. Passou um sacerdote perto dele, olhou-o e seguiu seu caminho; fez o mesmo o doutor da lei; mas o samaritano, que passou por último, aproximou-se do infeliz, vendo-lhe as feridas, levou-o a uma pousada e, depois de instalá-lo ali, deixou dinheiro para que o assistissem, prometendo-lhes voltar para se inteirar de seu estado e saldar a conta de sua cura.

Agora, Jesus pergunta, quem desses três é o próximo do infeliz? O que passa indiferente por seu lado ostentando as insígnias da religião, o que ensina com orgulho a desentranhar o espírito dela, ou o herege, o cismático, o maldito pelos sacerdotes que cumpre ao pé da letra com a lei de amor?

Apliquemos agora essa parábola à época presente e suponhamos, por um momento, que Jesus, tendo voltado a encarnar, vê-se na necessidade de explicar quem é nosso próximo. Quem tomaria por personagens? Indubitavelmente que interviriam nela um sacerdote, um protestante e um socialista materialista, desses que negam Deus e a religião e, no entan-

[52] Lucas 10:29-37. (N. T.)

to, inspiram-se no espírito do cristianismo para propagar seus ideais. E Jesus, outra vez, não diria que o verdadeiro próximo era o católico e o protestante indiferentes ao sentimento de compaixão pelas misérias humanas, e sim o socialista que demonstrara esse sentimento em feitos eloquentes.

Jesus poderia reconhecer o erro do socialista, mas, ao mesmo tempo, reconheceria que tinha um coração melhor disposto e preparado do que os outros que se têm por mestres de moral e de virtudes cristãs e, no entanto, quando chega a ocasião de praticar seu divino ministério, fazem-se os surdos e os desentendidos.

Assim, pois, senhores, é necessário que, em tudo, acostumemo-nos a pôr de lado os títulos, as pomposas etiquetas com que alguns se cobrem para ocultar sua miséria moral e mistificar o mundo ignorante e julguemos os homens segundo seus sentimentos postos em prática.

Pelo fruto conheceremos se possuem o verdadeiro sentimento cristão; ou se dele se valem para satisfazer suas vaidades, ser honrados, como os fariseus, com títulos pomposos, e dominar, assim, o mundo pelo erro e a mentira.

Senhores, devo terminar, porque já abusei demasiado de vossa condescendência.

Como vistes, eu não combato a religião cristã. Pelo contrário, desejo que ela se sobreponha a todas essas seitas estreitas, nascidas do atraso e também das ambições e ignorância de outras épocas distantes, para que a humanidade ocidental encontre, no fim, o que tanto buscou com a tenacidade do instinto natural de sua alma e obedecendo a aspirações inatas e eternas: sua perfeição e felicidade.

Todos vemos que, pelo caminho traçado pelo egoísmo, chegaremos a uma encruzilhada sem saída, e que é tempo de nos determos, retrocedermos a senda equivocada e tomarmos o verdadeiro caminho que nos conduza ao cristianismo verdadeiro, ao cristianismo dos primeiros séculos da igreja. É inútil que, pelo caminho trilhado, busquemos a felicidade, por maiores bens terrenais que acumulemos. Porque estes só nos servirão para nos fazer mais infelizes do que já somos, se mantemos o grave erro de nos crermos donos absolutos dos bens terrenais e não aceitamos a doutrina do evangelho que nos diz: a felicidade não depende deles, e sim do bom uso que fazemos deles[53].

Meu anelo constante é que a religião, bem interpretada e melhor praticada, dê-nos os gozos e os consolos que não é capaz de nos dar o mundo com todos os seus agrados e seduções.

Senhores, penetremo-nos desta verdade que não me cansarei jamais de repetir: O triunfo do cristianismo depende unicamente do cumprimento prático de uma única e singela palavra: amor. Quando o amor formar nos homens um estado primordial de consciência; quando todos se penetrarem do profundo sentido desta sentença espírita: "onde o amor impera, todas as leis sobram[54]", tudo quanto revela o império do egoísmo, tribunais, cárceres, polícias, exércitos, terá desaparecido e o reino de Deus na Terra se assentará sobre bases inamovíveis.

Somente então o Cristo, o fundador de nossa civilização, poderá dar por concluída sua grande revolução iniciada faz dois mil anos. Somente então os homens teremos paz, felicidade verdadeira, porque teremos pago a dívida contraída com nosso Redentor e este verá, por fim, chegar o dia ansiado de ver essa humanidade redimida pelo amor, como o resultado preciso do mesmo amor que impulsionou sua obra de memória imperecedoura.

[53] Forma geral do ensinamento, que se encontra, por exemplo, em Mateus 6:19-21, 24, 32-33; Lucas 12:21. Também, sobre o mau uso dos bens, Tiago 2:16; 1 João 3:17. Sobre o bom uso, Atos 2:44-47, 4:32-35. (N. T.)

[54] Ver nota 11, à primeira conferência. (N. T.)

No dia em que possamos exclamar: "Em todo o mundo, ninguém sofre necessidades, porque todos os homens se amam e se protegem como irmãos, atenuando os mais felizes a sorte dos mais infelizes"; no dia em que consigamos que ninguém possa se queixar de que está órfão ou abandonado, oh!, então, assim como, num dia histórico, o imperador Carlos V pôde exclamar com satisfação e orgulho: "Em meus domínios, jamais se põe o sol", assim todos os homens poderão dizer outro tanto, quando o sol do amor – que é o fundamento e o eixo ao redor do qual gira todo o evangelho e cujos raios podem penetrar todas as almas, uma vez que, como o *lótus* da lenda hindu, abram as pétalas para recebê-los com efusiva ternura –, o sol do amor, repito, dissipar todas as nossas tristezas e nos infundir energias morais. Porque, senhores, a maior parte de nossas tristezas e desencantos da vida provém de que estamos em dívida permanente com a consciência, de que o egoísmo é o móvel que nos inspira em todas as nossas ações.

O homem, assim que se desenganar de que a felicidade não pode ser achada na satisfação de seus egoísmos, compreenderá, por fim, que ela só existe na prática do amor cristão, nesse espírito do evangelho – que ele agora crê ter fielmente interpretado, quando só viveu em íntimo consórcio com sua letra, sobre a qual fundou uma religião formulista, sensual e materialista, sem o sentimento grande e altruísta, sem a ação consequente, numa palavra, que é o que dá o selo de religiosidade ao cristão militante.

E, quando chegar essa época ansiada – em que todos os homens, depois da diurna tarefa, ao nos entregarmos ao descanso, contentes de que nossas mães, esposas e filhos vivem felizes no lar consagrado pela virtude e pelo trabalho –, e levarmos nosso espírito, em asas de imaginação, aos lares pobres, menos felizes do que os nossos, uma imensa alegria, uma formosa tranquilidade de consciência inundará nossa alma, ao contemplar que nenhum irmão nosso, por insignificante que seja, está desamparado; que, nessa mesma noite, enquanto nos entregarmos ao sono reparador, nenhum sofrerá fome nem frio, nenhum insone pensando no dia de amanhã; nenhum pernoitará à intempérie como filho deserdado e maldito da família humana; que nada, enfim, podemos nos recriminar e, portanto, que teremos merecido a sorte verdadeira que jamais encontramos pelas sendas estéreis do egoísmo.

Essa é a aspiração que os verdadeiros cristãos queremos que se realize, e, para isso, só basta seguir Jesus, que é o mestre e o modelo. E, quando vemos, com tristeza, que um pescador de almas, um homem que tem por ministério ensinar esses princípios, nos quais acharia o remédio de que necessita a alma enferma da sociedade moderna, desvia-se do mestre a quem diz seguir para se submergir em pleno paganismo e ressuscitar suas instituições e seus princípios, que o cristianismo veio deitar por terra, não podemos deixar de levantar nossa voz contra tais erros, que, por mais desautorizada que seja, abonam-na pelo menos a sinceridade e franqueza que inspiram sempre a verdade aos humildes.

Socialismo é uma palavra a que muitas pessoas, no dizer de Erich Fromm, reagem de forma alérgica – simplesmente porque seu sentido tem sido deturpado, e equiparado com exclusividade à experiência stalinista e outras, de uma das versões do socialismo – o de Marx. Mas o ideal socialista não se resume ou iguala a essas versões.

Socialismo e Espiritismo
LÉON DENIS
Formato 14 x 21 cm • 114 p.

Os primeiros socialistas da era cristã foram... os primeiros cristãos, que após a partida do Mestre, viviam comunitariamente em Jerusalém – vide Atos. Os essênios, apoiadores de Jesus, viviam numa comunidade igualitária, sem propriedade privada e rigorosamente socialista. Os cristãos primitivos (até o séc. IV) foram constantemente cobrados, pelos líderes da Igreja nascente, a permanecerem num estilo de vida igualitária, com a propriedade comum de tudo – socialistas. Os cátaros, esses interessantes contestadores cristãos da Igreja na Idade Média, reencarnacionistas e espiritualizados – socialistas. Seguidores de João Huss (Kardec em sua anterior encarnação), hussitas, fundaram na Boêmia a comunidade igualitária de Tabor – rigorosamente socialista.

A Utopia, de Thomas Morus (séc. XVI), modelo de uma sociedade ideal, fraterna, espiritualizada e feliz – permanece até hoje como um ideal de perfeição para a humanidade – o ideal socialista. Diversas outras "utopias" criadas depois têm em comum o mesmo cerne: igualdade, a posse comum dos bens, da terra, o bem-estar de todos e a ausência de privilégios. Uma das mais famosas foi a da sociedade rigorosamente socialista, industrializada, que Edward Bellamy criou em seu *Daqui a cem anos*, obra incluída por Kardec em seu Catálogo Racional – obras recomendadas para os centros espíritas – assim como incluiu as obras de Charles Fourier – um dos três socialistas iniciais mais importantes do século XIX.

CONCEITO ESPÍRITA DO SOCIALISMO
foi confeccionado em impressão digital, em março de 2022
Conhecimento Editorial Ltda
(19) 3451-5440 — conhecimento@edconhecimento.com.br
Impresso em Luxcream 80g – StoraEnso